SOCIÉTÉ DE PROTECTION
DES
ALSACIENS-LORRAINS DEMEURÉS FRANÇAIS
9, rue de Provence.

SITUATION
DES
ALSACIENS - LORRAINS
EN ALGÉRIE.

RAPPORTS DE M. GUYNEMER

ANCIEN SOUS-PRÉFET DE SAVERNE
MEMBRE DE LA SOCIÉTÉ DE PROTECTION.

(Une carte est jointe à ces rapports.)

Mars 1873.

PARIS
IMPRIMERIE CENTRALE DES CHEMINS DE FER
A. CHAIX ET Cie
RUE BERGÈRE, 20, PRÈS DU BOULEVARD MONTMARTRE
1873

SOCIÉTÉ DE PROTECTION
DES
ALSACIENS-LORRAINS DEMEURÉS FRANÇAIS
9, rue de Provence.

SITUATION
DES
ALSACIENS - LORRAINS
EN ALGÉRIE.

RAPPORTS DE M. GUYNEMER

ANCIEN SOUS-PRÉFET DE SAVERNE

MEMBRE DE LA SOCIÉTÉ DE PROTECTION.

(Une carte est jointe à ces rapports.)

Mars 1873.

PARIS
IMPRIMERIE CENTRALE DES CHEMINS DE FER
A. CHAIX ET Cie.
RUE BERGÈRE, 20, PRÈS DU BOULEVARD MONTMARTRE
1873

SOCIÉTÉ DE PROTECTION

DES

ALSACIENS-LORRAINS

DEMEURÉS FRANÇAIS

———

Au mois de novembre dernier, la Société de protection présidée par M. le comte d'Haussonville, après avoir voté une première allocation de 100,000 francs pour venir en aide aux Alsaciens-Lorrains, qui depuis les désastres de la dernière guerre se sont rendus en Algérie, a voulu se rendre un compte exact des besoins des émigrants; c'est pourquoi elle a chargé un de ses membres d'aller étudier sur place les meilleurs moyens d'installer à l'avenir les familles qui pourraient encore se diriger sur notre colonie.

M. Guynemer, ancien sous-préfet de Saverne, qui a bien voulu accepter cette mission, vient de passer deux mois en Algérie. Il a parcouru les trois provinces d'Oran, d'Alger et de Constantine, et visité presque tous les villages dans lesquels il y a des familles d'Alsace-Lorraine. Ses rapports contiennent des renseignements précis qu'il n'est pas inutile de porter à la connaissance des différents Comités créés en vue de secourir nos compatriotes émigrés; et ce motif a décidé la Société de protection à les faire imprimer.

SITUATION

DES

ALSACIENS-LORRAINS EN ALGÉRIE

RAPPORTS

ADRESSÉS

A LA SOCIÉTÉ DE PROTECTION

PAR

M. GUYNEMER

Alger, 5 décembre 1872.

Monsieur le Président,

En passant à Marseille, le 30 novembre, et avant de m'embarquer pour Alger, je me suis mis en rapport avec M. le préfet des Bouches-du-Rhône et avec le *Société d'assistance Alsacienne-Lorraine* qui s'est fondée dans cette ville sous la présidence de MM. Bauer, Oppermann, Velten, etc. Ce comité a reçu tous les émigrants des pays annexés qui se sont dirigés sur Marseille, et il a bien voulu me faire connaître le nombre exact de ceux qui se sont embarqués depuis la guerre.

D'après ces renseignements, il devait y avoir en Algérie, à la date du 31 octobre 1872, 2494 émigrants Alsaciens-Lorrains, savoir :

  365 pères de famille.
  363 mères de famille.
1100 enfants.
   44 veuves ou femmes seules.
  622 célibataires.

Total 2494 personnes que nous retrouverons à peu près dans les différents villages ; la différence en moins provient des célibataires, dont il est difficile de constater la présence parce qu'ils se déplacent et sont disséminés un peu partout. Il y a aussi un certain nombre de familles qui se sont établies dans les villes (1).

Ainsi que vous le savez, Monsieur le Président, bien que l'Algérie soit administrée dans son ensemble par un Gouverneur général civil (aujourd'hui M. le vice-amiral comte de Gueydon), une partie de son vaste territoire est encore et devra sans doute, par la force des choses, rester longtemps soumise au régime militaire. — Partout où les Européens

---

(1) Depuis le passage de M. Guynemer dans chaque centre, de nouvelles familles y sont arrivées; aussi a-t-il été tenu compte, pour les chiffres indiqués dans cette publication, des derniers renseignements qui sont parvenus à la Société de protection jusqu'au 1er mars 1873 ; à cette date il avait été embarqué à Marseille pour l'Algérie, 3261 Alsaciens-Lorrains.

    Savoir : 2494 au 31 octobre dernier (chiffres ci-dessus).
           170 en novembre. id.
           175 en décembre. »
           227 en janvier. 1873.
           195 en février.   »

Total. 3261 au 1er mars 1873.

sont assez nombreux, le régime civil a été établi; mais sur les frontières, dans le Sud, et là où les indigènes sont en trop grande majorité, le Gouvernement a cru prudent de maintenir le pouvoir militaire.

Chacune des trois provinces comprend donc un territoire civil et un territoire militaire absolument distinct l'un de l'autre, au double point de vue topographique et administratif.

Le territoire civil est administré par le préfet. Il comprend : 1° des *communes de plein exercice* régies par un maire et un conseil municipal, absolument comme les communes de France; les principaux centres européens sont dans ce cas; 2° des *circonscriptions cantonales* où domine l'élément indigène, et à la tête desquelles est un *administrateur civil* nommé par le Gouverneur général. Cet administrateur, dont les fonctions et le pouvoir ne sont pas encore bien nettement définis, remplace en territoire civil l'ancien officier des bureaux arabes, mais il n'a aucun droit de juridiction sur les indigènes. Il est assisté par une Commission municipale composée de tous les présidents de *Djemmaas* (conseils municipaux) des *Douars-Communes* qui composent la circonscription cantonale.

Le *douar-commune* a pour administrateur secondaire un président de Djemmaa, assisté de la Djemmaa, qui est composée de notables indigènes. Plusieurs douars-communes peuvent former une *tribu*; mais, au point de vue *civil*, la tribu a été désagrégée et n'a plus d'existence.

Le territoire militaire est administré par le général de division, qui en est le véritable préfet. Chaque subdivision militaire forme une *commune subdivisionnaire* qui comprend tous les indigènes de la subdivision, et à la tête de laquelle se trouve placé, comme maire, le général ou l'officier supérieur qui commande la subdivision; il est assisté dans ses fonctions d'administrateur par des adjoints français et par une Commission composée de Français et d'indigènes notables.

Le territoire purement arabe est encore divisé en khalifalicks, aghalicks, caïdats ou tribus, et douars; mais les deux premières de ces divisions n'existent plus que nominalement. Les territoires où se trouvent à la fois des indigènes et des Européens forment des *communes mixtes*, ou plutôt on appelle communes mixtes des territoires de colonisation européenne auxquels ont été annexés des territoires indigènes.

La commune de *plein exercice* n'existe pas en territoire militaire.

Chacune des deux autorités civile et militaire ayant des moyens d'action différents, il a dû nécessairement en résulter une situation différente pour les colons qui ont été placés sur l'un ou l'autre territoire. Je conserverai la même distinction dans les rapports que j'aurais l'honneur de vous adresser pour chacune des trois provinces.

PROVINCE D'ORAN.

15 décembre 1872.

Il y avait, au 15 décembre dernier, 55 familles Alsaciennes-Lorraines composées de 253 personnes réparties dans les divers villages de la province d'Oran. Depuis lors, ce nombre s'est accru et, d'après les derniers renseignements parvenus

TERRITOIRE CIVIL.

(17 février), il est actuellement de 69 familles ou 339 personnes, savoir :

TERRITOIRE CIVIL.

Village des Trembles....	1 famille	5 personnes	(concession au titre 1er.)
Bled Touariah..........	1 —	8 —	(concession au titre 2.)
Tamzourah	1 —	3 —	
Arcole	1 —	5 —	

4 familles 21 personnes.

TERRITOIRE MILITAIRE

	CHIFFRES AU 15 DÉCEMBRE 1872.	CHIFFRES AU 25 FÉVRIER 1873.
Aïn-Fékan	20 familles 105 personnes.	26 familles 137 personnes.
Bou-Kanifis (1) ..	16 — 92 —	18 — 105 —
Sidi-ben-Youb (1).	6 — 15 —	5 — 15 —
Zemmorah	4 — 8 —	2 — 10 —
Mendez.........	0 — 2 célibataires.	» — » —
Aïn-Nazereg	» — » —	10 — 35 —
Terny	5 — 10 personnes.	4 — 16 —
	51 familles 232 personnes.	65 familles 318 personnes.

Total au 15 février 1873 pour la province d'Oran, 69 familles (339 personnes), dont 64 sont arrivées dénuées de toutes ressources.

Territoire civil. (Province d'Oran.)

D'après les renseignements qui m'ont été fournis à Oran, les 4 familles établies en territoire civil étaient dans de bonnes conditions, sauf une seule dont la position était indécise et qui ne s'était pas encore rendue sur sa concession.

---

(1) Par arrêté du 1er janvier dernier, le territoire de la subdivision de Sidi-Bel-Abbès dans laquelle sont situés ces deux centres, a été attribué à l'autorité civile.

LES TREMBLES

Aux Trembles, village situé entre la station de Thélat et Sidi-Bel-Abbès, M. Olweg a reçu *au titre* 1er une concession de 100 hectares médiocres il est vrai, mais qu'il avait visités avant de les accepter; il possédait en arrivant un capital de 32,000 francs (1).

BLED TOUARIAH

A Bled Thouariach (17 kilomètres au sud de Mostaganem), M. Muller est installé dans une partie de forêt qui doit être défrichée. Le village déjà créé est habité par des Alsaciens dont quelques-uns sont les parents de M. Muller. Sa concession *au titre* 2 est de 30 hectares, il n'a rien demandé.

TAMZOURAH

A Tamzourah, au sud du grand lac près d'Oran, M. Christofle a reçu 30 hectares de bonnes terres (concession *au titre* 2); de plus, il s'est acheté, dans le village déjà existant, un lot de terrain sur lequel il construit sa maison. Il paraît n'avoir besoin de rien.

ARCOLE

A Arcole, village ancien situé à 8 kilomètres d'Oran, il y a une concession prête de 50 hectares pour M. Luck (Ignace), qui ne s'était pas encore rendu sur sa concession. Au mois de décembre il habitait chez M. Schneider, à Oran.

La Société n'a donc pas à intervenir pour ces 4 familles installées en territoire civil.

---

(1) Il est inutile de rappeler que les concessions dites *au titre* 1er (décret du 16 octobre 1871) sont celles qui sont accordées avec propriété immédiate et complète de la terre. La loi du 15 septembre 1871 les réserve aux immigrants des pays annexés et exige qu'ils justifient d'un capital d'au moins 5,000 francs.

Au contraire, les concessions *au titre* 2 sont accordées à tous les Français immigrants ou anciens habitants de l'Algérie, mais elles sont subordonnées au fait de la prise de possession effective par le titulaire et à sa résidence sur la terre. La propriété ne devient complète qu'après 9 ans, mais après 2 ans le concessionnaire peut céder son droit à un tiers.

Territoire militaire. (Province d'Oran.)

Les centre créés en territoire militaire sont trop éloignés les uns des autres pour qu'il m'ait été possible de les visiter tous; les communications sont difficiles et les distances très-grandes; j'ai dû me borner aux 2 principaux villages Aïn Fékan et Bou Kanifis. Pour les autres centres qui contiennent peu de familles, j'ai recueilli sur place des renseignements que je crois exacts.

AIN-FÉKAN
Visité, le 10 décembre 1872, avec M. le lieutenant Lebrun, officier d'ordonnance de M. le général Cérez.
26 familles, 137 personnes.

Situé à 26 kilomètres au sud-est de Mascara et relié à cette ville par une route non empierrée mais praticable, et pour laquelle il vient d'être alloué un crédit de 30 mille francs en 1873; — c'est un centre de création récente dont les études remontent à 1869, mais qui n'a reçu de colons qu'au mois d'octobre dernier. Les 2,700 hectares qui forment son territoire ont été achetés aux Arabes moyennant 68,000 francs. Ce sont des terres toutes défrichées, elles ont été aménagées pour 50 concessions d'environ 30 hectares chacune, plus un communal. Il y avait, le 10 décembre, à Aïn-Fékan 20 familles algériennes et 20 familles alsaciennes, presque toutes des environs de Phalsbourg et de Saverne. Il y a aujourd'hui 26 familles (137 personnes).

En arrivant au mois d'octobre 182, ces 20 familles avaient été d'abord logées et nourries à Oran pendant quelques jours par les soins du comité que préside M. Aucour, l'ingénieur en chef, puis elles ont été transportées en chemin de fer et en diligence jusqu'à Mascara, de là à Aïn-Fékan sur des prolonges. L'administration militaire leur a prêté des tentes et presque aussitôt après M. le général Cérez, qui commande la subdivision de Mascara, leur a fait construire, sous la surveillance du génie, des abris avec l'aide de la troupe. (J'ai vu au mois de décembre 200 hommes campés dans ce village avec leurs officiers et occupés à ces travaux.) Ces abris sont aujourd'hui terminés, et d'après une lettre de M. le général Osmont du 3 février, les maisons définitives dont le gouvernement vient d'ordonner la construction seront livrées aux colons avant la fin du mois de mai prochain. Ces maisons sont composées de deux chambres, elles coûteront 1,500 francs. Les anciens abris seront conservés pour servir de cuisine, écurie, etc... On construit aussi des bâtiments provisoires pour le culte et les écoles, qui coûteront 16,500 francs. Les colons n'ont pas de mobilier, mais dès le principe ils avaient reçu de l'autorité militaire des planches réformées (châlis), avec lesquelles ils se sont fait des lits, des tables, des bancs, etc. On leur a fourni des gamelles, des bidons, des vêtements réformés de mobiles, deux couvertures par personne, etc.

Toutes les familles avaient déjà reçu leurs concessions de terre (entre 29 et 30 hectares), plus un lot de jardin; elles avaient des bœufs et des charrues. Comme semences il leur avait été distribué à chacune 260 kilos d'orge et 100 kilos de blé, c'est-à-dire de quoi ensemencer 4 hectares d'orge et 1 hectare et demi de blé. Presque toutes avaient déjà labouré environ 3 hectares et continuaient leurs travaux. Les jardins étaient cultivés, mais non ensemencés.

Ces familles ont été, depuis leur arrivée, nourries par l'administration, à raison de 50 centimes par jour et par personne. Elles reçoivent cette somme en argent, et, sauf quelques rares exceptions, ce mode n'a pas encore eu d'inconvénients. Ces familles le préfèrent. En outre, les hommes vont pouvoir gagner quelque argent comme terrassiers, lorsqu'ils auront terminé leurs travaux agricoles.

J'ai visité toutes ces familles dans leurs tentes. Aux plus nécessiteuses j'ai laissé quelques secours en argent, et à toutes j'ai annoncé l'ouverture d'un crédit de 250 francs que leur donne la société d'Haussonville. La note des objets qui leur sont le plus nécessaires, a été remise par elles à l'officier qui s'occupe du village, et les achats en nature ont dû être faits après mon départ, sous la surveillance du général.

Ces colons m'ont paru être dans une excellente situation morale. Les 30 hectares de terre qui leur ont été donnés semblent exercer sur eux un attrait puissant; presque tous travaillent avec courage, soit à la construction des maisons, soit aux labours, et M. le général Cérez m'a déclaré qu'il était content de leur conduite et croyait à leur succès. Il est vrai qu'il s'occupe d'eux avec sollicitude et va lui-même surveiller l'installation du village. Un de ses officiers d'ordonnance, M. le lieutenant Lebrun, qui a bien voulu m'accompagner à Aïn-Fékan, est spécialement chargé de tout ce qui concerne les colons.

L'eau est extrêmement abondante, et un barrage construit à 2 kilomètres en amont assure son écoulement toute l'année. Il y a un lavoir couvert et un abreuvoir en pierre.

Le village est bâti sur une plaine en pente; son exposition a été choisie de façon à la garantir, autant que possible, des fièvres que pourraient engendrer pendant l'été prochain, les marais avoisinant les sources et, sauf les effets du climat, sur lesquels on ne peut avoir encore d'opinion précise, les Alsaciens-Lorrains établis à Aïn-Fékan me paraissent être dans d'excellentes conditions à tous les points de vue. Je crois ce village appelé à réussir.

Comme dépenses de création voici ce qu'il a coûté :

68.000 fr. prix des terres payées aux Arabes, propriétés *melks* c'est-à-dire individuelles (1).

100.000 fr. barrage, canal qui amène l'eau au village, lavoir, abreuvoir, nivellement et empierrement de rues;

---

(1) Voir la note placée au bas de la page 19.

tous ces travaux ont été faits par le Génie militaire.
16.500 fr. église et écoles provisoires, mais qui pourront durer longtemps.

474.000 fr. total pour travaux publics.

Cette somme, répartie entre les cinquante familles auxquelles ce centre est destiné, donne pour chacune d'elles une dépense de 3,690 francs, non compris la main-d'œuvre et les charrois militaires. — A cela, il faut ajouter le prix des bœufs, charrues, vivres pendant huit mois, ustensiles de toute sorte fournis aux colons, la tente qu'on leur a prêtée et enfin la maison qu'on leur construit en ce moment. — L'installation de chacune de ces familles aura donc coûté environ 7,000 francs.

BOU-KANIFIS (1)
Visité le 13 décembre 1872, avec M. le chef de bataillon Thomas, commandant la subdivision de Sidi-bel-Abbès.
18 familles, 105 personnes.

Ce village, situé à 24 kilomètres au sud de Sidi-Bel-Abbès, est, après Aïn-Fékan, le centre de la province d'Oran où il y a le plus d'Alsaciens-Lorrains. Il contenait, lors de ma visite, 16 familles comptant 92 personnes (aujourd'hui 15 février 73, 18 familles, 105 personnes).

Bou-Kanifis est un ancien pénitencier militaire où sont enfermés les Arabes condamnés à des peines légères; il n'y a que peu de prisonniers, et la plus grande partie des bâtiments est vacante. — Ces bâtiments placés sur un mamelon sont disposés en carré ; les logements ouvrent sur une cour intérieure, à côté et un peu plus loin se trouvent des gourbis ou plutôt des maisonnettes en pierres crépies à la chaux avec portes et fenêtres, et couvertes en paille mélangée de terre. Ces gourbis étaient autrefois habités par la troupe qui gardait le pénitencier.

J'ai trouvé neuf familles installées dans les bâtiments du

---

(1) Bou-Kanifis se trouve, depuis le 1er janvier dernier, en territoire civil, et c'est M. le Préfet d'Oran qui est chargé de l'installation de ce village.

pénitencier ; celles-ci étaient parfaitement abritées, les autres logeaient dans les gourbis dont les toitures commençaient à s'effondrer sous les pluies, mais des ordres ont été donnés pendant que j'étais encore à Oran ; M. le général Cousin, commandant la division par intérim, a bien voulu envoyer sur les lieux quelques hommes de troupe avec un sous-officier du génie, des prolonges etc., et ce dégât a été promptement réparé.

Chaque famille a reçu, en moyenne, 28 hectares de terre d'excellente qualité — 453 hectares, appartenant à l'Etat et autrefois affectées au pénitencier, leur ont été distribuées. — Les 4/5 de ces terres sont cultivées, le reste est encore couvert de palmiers nains ou de broussailles.

Pour labourer ces terres, l'autorité militaire a prêté aux colons les charrues et les bœufs du pénitencier, et avec les fonds envoyés par les comités (comité d'Oran, comité Worms et société d'Haussonville), on a complété ce qui manquait.

Comme semences il avait distribué déjà à chaque famille 500 kilos d'orge et 300 kilos de blé (beaucoup plus qu'à Aïn-Fékan) ; cependant comme elles avaient tout employé, il devait leur en être encore distribué 100 kilos.

De même que ceux d'Aïn-Fékan, ces émigrants sont pour la plupart originaires des environs de Phalsbourg et de Lutzelbourg. Ce sont plutôt des artisans et des bûcherons que des laboureurs; ils ne connaissent pas la culture, et les Arabes, détenus au pénitencier, ont dû être employés pour leur apprendre et les aider à labourer. Je les ai vus en effet côte à côte conduisant la charrue.

D'après ce que m'ont dit les chefs de famille, ils avaient tous, lors de mon passage, entre 5 et 6 hectares de terre ensemencés et labourés, suivant la méthode arabe qui consiste à semer d'abord et à labourer ensuite légèrement pour recouvrir la semence ; le climat fait le reste pour peu qu'il pleuve, et l'on ne met pas de fumier.

On peut donc dire qu'à Bou-Kanifis comme Aïn-Fékan, les nouveaux colons sont assurés d'avoir une récolte en 1873 si le temps n'est pas défavorable, et les dernières pluies paraissent la rendre certaine. Dans ces conditions ils auront à vendre chacun pour 1,200 francs à 1,500 francs de grains cette année.

Tous ces colons étaient satisfaits, malgré les souffrances inévitables d'un premier établissement ; leur moral était bon ; ils n'avaient donné lieu à aucune plainte, et leurs réclamations se bornaient à peu de chose.

Quant à l'état sanitaire, il est peut-être un peu moins satisfaisant qu'à Aïn-Fékan. Il y avait eu des cas d'ophthalmie, et il y avait encore quelques fièvres. M. le commandant Thomas a dû, après mon départ, leur faire distribuer des ceintures de flanelle et des chaussures sur les fonds mis par la Société d'Haussonville à la disposition de M. le général commandant la division d'Oran.

Comme nourriture, ils reçoivent ainsi qu'à Aïn-Fékan, 50 centimes par tête et par jour, somme qui, au dire des habitants du pays, est suffisante, car la vie n'est pas chère.

Il existe quelques maisons à Bou-Kanifis et plusieurs fermes dans les environs ; c'est un centre habité. Les colons peuvent s'y procurer les objets de première nécessité? Il y a une école, une église et un presbytère.

Je considère donc la situation de ces émigrants comme bonne. Ils ont reçu des terres, des charrues, des bœufs, des semences, des vivres, des vêtements (cependant les femmes en manquaient). Ils sont logés, et leur récolte est assurée. Les maisons seules restent à construire. Ce village se trouvant depuis le 1er janvier dernier en territoire civil, M. le général de division n'a pu s'en occuper, et jusqu'ici rien n'a été fait pour la construction des maisons.

SIDI-BEN-YOUB (1).
6 familles, 15 personnes.

Village ancien situé à 44 kilomètres de Sidi-bel-Abbès, c'est-à-dire à 20 kilomètres au-delà de Boukanifis. Je n'ai pu m'y rendre parce qu'il n'existe pas de relais à Boukanifis, il n'y avait du reste, au moment de mon passage, que deux familles alsaciennes concessionnaires ; l'une avait des parents à Sidi-bel-Abbès et ne demandait rien, l'autre ne s'était pas encore rendue sur sa concession et habitait Sidi-Khaled, à peu de distance de Sidi-bel-Abbès où elle travaillait chez un fermier ; mais en apprenant que l'administration donnait des vivres aux colons, elle venait d'exprimer son intention d'aller s'établir sur ses terres.

On dit que la position du village est excellente ; de même que Boukanifis, il fait partie du territoire de Sidi-bel-Abbès, et a été remis comme celui-ci à l'autorité civile depuis le mois de janvier dernier. Rien n'a été fait non plus pour la construction des maisons.

ZEMMORAH
2 familles, 10 personnes.

A 20 kilomètres au Sud-Est de la station de Relizane sur le chemin de fer d'Oran. Village créé depuis 20 ans et où habitaient déjà trente familles algériennes. On y avait envoyé d'abord quatre familles alsaciennes, chacune avait reçu une concession de 15 hectares au titre 2, et 200 francs en argent ; en outre le comité d'Oran avait remis au Général 200 francs pour chacune d'elles. Deux de ces familles étant parties, les terres et l'argent qui leur étaient destinés, ont été distribués aux deux autres, qui ont donc en ce moment chacune 30 hectares de terre, plus 600 francs d'argent, qui leur ont été donnés pour acheter des grains, bœufs, charrues, vêtements, etc. Ces deux familles sont logées dans le village ; elles sont laborieuses ; l'officier qui administre Zemmorah s'en occupe, et elles sont en bonnes mains. D'après les derniers

---

(1) Territoire civil depuis le 1er janvier dernier.

18 PROVINCE D'ORAN.

renseignements (janvier 1873), le génie avait reçu l'ordre de leur construire des maisons, comme pour celles d'Aïn-Fekan et de Bou-Kanifis.

TERNY
4 familles, 10 personnes.

A 10 kilomètres au sud de Tlemcen — on y a établi 4 familles, dont 1 au titre 1er n'a pas besoin de secours; les 3 autres sont arrivées en Algérie depuis 15 mois, et bien qu'on leur ait donné leurs concessions, elles n'ont pas encore pris possession de leurs terres. Une lettre de la division militaire du 7 février courant fait connaître que des instructions viennent encore d'être données à leur sujet, et elles ont été prévenues que, si elles prennent l'engagement de s'installer à Terny l'autorité militaire leur fera construire immédiatement des maisons, et leur achètera bœufs, charrues, etc.

AIN-NAZEREG

A 78 kilomètres au sud de Mascara, sur la route de Saïda, dans un pays boisé, et à 5 kilomètres de Saïda. — Ce centre n'existait pas lors de mon passage dans la province en décembre dernier. On vient d'y installer 10 familles (35 personnes), et on leur construit des maisons comme celles d'Aïn-Fekan qui coûteront 1,500 francs chacune. Ces familles sont dans les mêmes conditions que celles dont j'ai parlé ci-dessus, et les ressources dont dispose l'autorité militaire qui s'occupe d'elles assurent leur succès.

RÉSUMÉ
pour la province d'Oran.

Avant de quitter Oran je me suis concerté avec M. le général Cousin qui commandait la division par intérim, pour l'emploi des 10,000 francs envoyés au mois de novembre par la Société de protection ; cette somme a servi à pourvoir aux nécessités les plus urgentes; j'ai aussi distribué quelques secours au nom de la Société.

En résumé, les familles qui sont dans la province d'Oran

sont dans une très-bonne situation ; la plupart étaient arrivées sans ressources et toutes ont reçu des concessions de terre, des bœufs, des charrues, des semences, des vivres, des vêtements. Pour toutes celles qui sont en territoire militaire on construit des maisons qui coûtent environ 1,500 francs et qui seront terminées au mois de mai prochain. Dans tous les centres il y a un officier qui s'occupe d'elles et les aide à s'installer. M. le général Osmont qui commande la division d'Oran, M. le général Cousin, M. le général Cérez que j'ai eu l'honneur de voir, et les officiers qui sont sous leurs ordres, sont tous animés des dispositions les plus bienveillantes pour les nouveaux colons, et leur témoignent la plus grande sollicitude ; j'estime que tous ceux qui seront confiés à leurs soins réussiront s'ils veulent travailler.

De son côté, le comité d'Oran, présidé par M. Aucour, ingénieur en chef des ponts et chaussées, dispose de ressources assez importantes et contribue à l'installation de chaque famille pour une somme de 250 francs.

Les terres qui ont été données à ces immigrants proviennent d'achat ou d'échange avec les Arabes, ou sont des terres domaniales affectées jadis aux Smalas de Spahis. Il n'y a que peu ou point de terres *Azels* (1) dans la province d'Oran et comme il n'y a pas eu d'insurrection en 1871, il n'y a pas eu de terres à séquestrer sur les tribus révoltées. Cette province n'offre donc pas un grand avenir pour la colonisation par l'État, à moins qu'on ne veuille acheter des terres pour les

---

(1) La propriété indigène peut être de diverse nature :

1° On désigne sous le nom de terres *melks*, celles qui sont possédées à titre de propriété individuelle; c'est la pleine propriété. Elles peuvent, comme en France, être vendues, données ou transmises par héritage. — Les terres *melks* forment la plus grande partie du territoire occupé par les indigènes entre le littoral et les hauts plateaux, zone qu'on appelle le *Tell*.

2° Les terres *arch* dans la province d'Alger et de Constantine, *Sébegas* dans la

colons. Cependant il existe encore en territoire militaire des concessions prêtes pour 106 familles, concessions sur lesquelles l'autorité militaire est prête à construire aussitôt qu'elle aura reçu les crédits nécessaires (25 février 1873).

---

province d'Oran, sont celles que les tribus possèdent à titre de jouissance collective, et dont la propriété est censée appartenir au *Beylick*, c'est-à-dire au souverain. — En droit, elles doivent être réparties chaque année entre les divers individus d'une tribu; en fait, les mêmes parcelles sont détenues depuis un temps immémorial par les familles.

Une partie de ces terres peut être réservée pour l'usage de toute la tribu, à titre de *communal*, absolument comme en France.

C'est sur ces terrains *arch* ou *sébegas* qu'on a appliqué aux Arabes, en vertu du sénatus-consulte de 1863, la mesure du cantonnement qui consiste à restreindre le territoire occupé par eux, en leur attribuant comme compensation la propriété définitive et complète des portions qu'on leur laissait, à raison de 3 ou 6 hectares par tête suivant la nature du sol. La plus grande partie de ces territoires a été déjà *sénatus-consultée*, selon l'expression usitée en Algérie.

3° On appelle *Azels* les terres appartenant autrefois au *Beylick* turc (c'est-à-dire au souverain) et qui sont devenues, par suite de la conquête, la propriété de l'État français. Ces terres sont détenues depuis un temps immémorial par des tribus ou des familles à titre de fermage et moyennant une redevance (*occor*); elles existent en quantité considérable (245,000 hectares) dans la province de Constantine, il y en a fort peu dans la province d'Alger, et encore moins dans la province d'Oran.

4° Les propriétés *Habbous* sont celles qui, par suite de donations, ont été affectées, soit à l'entretien de mosquées ou de tombeaux de marabouts (Goubbas), soit à des familles de marabouts avec transmission de mâle en mâle. Ces propriétés religieuses peuvent, suivant les cas, faire retour soit au donateur, soit à l'État.

5° Enfin il existe entre la limite du *Tell* et le désert, de vastes territoires connus sous le nom de *terrains de parcours*, et qui produisent dans les années pluvieuses du fourrage excellent. On y trouve en tout temps l'*alpha* aujourd'hui si recherché par l'industrie européenne. Ces terrains appartiennent aux tribus nomades, mais les limites n'en sont connues que par tradition.

(Je dois ces renseignements à l'obligeance de M. le capitaine Blanc, attaché à l'état-major de la division d'Oran.)

PROVINCE D'ALGER.

Alger, 28 décembre 1872.

Tous les villages de la province d'Alger dans lesquels on a placé des Alsaciens-Lorrains sont situés en territoire civil, à l'est d'Alger, la plupart sur la route de Dellys ou dans les environs de cette route, et 2 au sud-est, du côté de la Kabylie (Palestro et Dra-el-Mizan). Toutes les terres données aux nouveaux colons, proviennent de séquestre sur les tribus révoltées en 1871.

En effet, cette contrée a été ravagée par l'insurrection; mais grâce aux excellentes mesures prises par M. le gouverneur général, tous les villages brûlés ont été, non-seulement rebâtis, mais augmentés et tous les colons ont été largement indemnisés au moyen des contributions de guerre dont les indigènes ont été frappés; aujourd'hui, il ne reste plus trace de l'insurrection,

A la fin de décembre dernier, 161 familles avaient reçu des concessions, dont 15 au titre 1er. Celles-là n'avaient pas besoin de secours, et je ne m'en suis pas occupé. Les 146 autres, comprenant 684 personnes, étaient arrivées en Algérie sans aucune ressource. Depuis le moment de leur débarquement, tous ces immigrants ont été logés, nourris et entretenus par les soins du comité d'Alger (alors comité Maillard) et aux frais du gouvernement qui avait mis à sa disposition le *fort des Anglais*. Dès que cela a été possible on les a dirigés sur leurs terres. Dans le principe, le gouvernement donnait à chaque famille 300 francs en argent, il en est résulté des abus de tous genres, et aujourd'hui elles ne reçoivent plus que des secours en nature.

Ces chiffres sont ceux que j'avais constatés à la fin de décembre, mais d'après des renseignements récents, il est arrivé d'autres immigrants pendant le mois de janvier. Il y a aujourd'hui en tout 183 familles, dont 168 au titre 2, et 15 au titre 1er, comprenant 802 personnes.

Voici comment elles sont réparties dans chaque village :

	Il y avait au 28 décembre 1872.			Il y a au 25 février 1873.	
A L'Alma........	14 familles	60 personnes		15 familles	57 personnes.
Bellefontaine....	30	—	158	—	30 — 162 —
Col des Beni-Aïcha	3	—	9	—	5 — 13 —
Blad-Guittoun...	27	—	125	—	27 — 114 —
Bordj-men-aïel..	6	—	32	—	9 — 38 —
Rébeval........	10	—	48	—	10 — 44 —
Ouled-Keddach..	18	—	71	—	18 — 86 —
Souk-el-haad....	3	—	18	—	3 — 15 —
Palestro........	2 plus 5 cél.	11	—	7 — 11 —
Dra-el-mizan....	23	—	110	—	23 — 111 —
St-Pierre–St-Paul	10	—	42	—	16 — 55 —
Zaatra	00	—	00	—	2 — 9 —
Tizi-Ouzou......	00	—	00	—	3 — 12 —
	146 familles	684 personnes		168 familles	727 personnes.

J'ai visité chacun des villages où il y avait alors des colons et, pendant toute cette tournée, j'ai eu l'honneur d'être accompagné par un membre du comité Alsacien-Lorrain d'Alger, M. le capitaine d'artillerie Heintz, alsacien d'origine et parlant alsacien ; en outre, M. Noblemaire, Président, ainsi que MM. Stoltz et Darru, membres du même comité, ont bien voulu se joindre à nous pendant plusieurs jours, et visiter avec nous ceux des villages dont ils s'occupent plus particulièrement.

L'ALMA
Visité, le 19 décembre 1872, avec M. Noblemaire e M. le capitaine Heintz.

Village ancien, situé à 37 kilomètres d'Alger, chef-lieu de canton et de justice de paix, et, en même temps, chef-lieu de la commune de l'Alma qui comprenait 5 villages le 28 décembre et qui en renferme 6 aujourd'hui depuis la création de Zaatra. — 18,000 hectares de terres situées sur ce territoire ont été séquestrés sur les indigènes, et sur ces 18,000 hectares, environ 7,500 ont été définitivement acquis à l'État par transactions avec eux, et attribués à cette commune, dont l'agrandissement a été décidé l'année dernière par le gouvernement.

Cet agrandissement s'est effectué : 1° par l'augmentation du territoire et du nombre de feux des 2 villages qui existaient déjà (l'Alma et le Col de Beni-Aïcha) ; 2° par la création de 4 villages nouveaux, dont 3 sont déjà formés (Bellefontaine, Blad-Guittoun et Soukelhaad), — le 4me village est Zaatra, où il n'y avait encore personne à la fin de décembre, mais où l'on a envoyé 2 familles depuis mon passage.

Le village de l'Alma a reçu pour sa part 1200 hectares de terre destinés à 50 familles nouvelles, dont 30 Algériennes et 20 Alsaciennes-Lorraines. Sur ces 20 dernières familles il y en avait 14 installées lors de ma visite : 11 étaient arrivées depuis le mois d'octobre et 3 dans les premiers jours de décembre. Ces 14 familles comptaient 60 personnes.

Elles étaient abritées provisoirement dans des gourbis en roseaux couverts en diss, avec portes et fenêtres vitrées, que le maire de cette commune, M. le baron de Schonen, leur avait fait construire. Ces gourbis sont divisés en 2 parties ; la famille loge dans l'une, dans l'autre on abrite les bœufs et le fourrage. Ces installations faites à la hâte sont très-défectueuses et doivent être remplacées au plus tôt par des constructions définitives.

Il m'a aussi paru utile d'examiner de nouveau la question de l'emplacement qui est humide, ce qui sera sans doute une cause permanente d'insalubrité ; les lots urbains, c'est-à-dire destinés aux constructions ont été pris sur une ancienne prairie communale située dans le prolongement immédiat du village. C'est la commune qui en a fait l'abandon et c'est probablement la raison déterminante du choix qui a été fait de cet emplacement; il est vrai qu'il existe un projet de travaux d'assainissement qui coûtera 30,000 francs environ, mais il eût peut-être mieux valu ne pas se créer l'obligation de dépenser cette somme en plaçant les nouveaux colons sur un terrain qui est en contrebas de la route (1).

Les 11 familles arrivées en octobre ont reçu leurs concessions de terre au titre 2 par voie de tirage au sort. Cette opération a eu lieu, le 7 décembre ; les 3 autres familles allaient également recevoir les leurs. Chaque lot est de 25 hectares, plus un lot urbain d'environ 10 ares pour la maison et le jardin. Les terres de culture proviennent de séquestre sur les Arabes révoltés. Elles sont malheureusement assez éloignées. Un cinquième environ est défriché et cultivé depuis longtemps, le reste est encore couvert de palmiers nains ou de broussailles. Ces terres, sans être bornées, sont désignées d'une manière assez précise pour qu'il soit possible à chacun de cultiver celles qui lui appartiennent.

Chaque famille a reçu, dans les premiers jours de décembre, une paire de bœufs, une charrue et du fourrage. On attendait

---

(1) Une Commission d'hygiène, nommée sur ma demande par M. le préfet d'Alger, s'est transportée sur les lieux au mois de janvier dernier et a en effet reconnu à l'unanimité les inconvénients que je signale ; mais les familles Alsaciennes ont préféré rester où elles sont à cause du voisinage des maisons existantes, avantage qu'elles perdraient si l'on plaçait leurs habitations plus loin. On a dû avoir égard à leurs réclamations faites par écrit. Je n'en persiste pas moins à penser avec cette Commission dans laquelle il y avait 2 médecins, que cet emplacement sera toujours malsain, malgré les travaux d'assèchement que l'on se propose d'y exécuter et qui coûteront 30,000 francs, d'après le devis de l'administration des ponts et chaussées.

les semences. On leur avait distribué des vêtements réformés de mobiles, et tous les colons recevaient des vivres en nature, le tout aux frais du Gouvernement. Plusieurs familles avaient commencé leurs labours, et la plupart cultivaient leurs jardins.

Au point de vue moral, il est regrettable de dire que plusieurs de ces émigrants laissent beaucoup à désirer, quelques-uns ne travaillent pas et attendent que le Gouvernement et les comités fassent tout pour eux sans y contribuer en rien par eux-mêmes. Cependant la majorité est animée d'un bon esprit et réussira.

J'ai donné dans ce village, au nom de la Société, divers secours aux familles qui m'ont été désignées comme étant les plus dénuées de ressources et qui étaient les plus nombreuses.

La situation des émigrants fixés à l'Alma est une des moins bonnes que j'ai vues. J'attribue surtout à la mauvaise installation matérielle l'espèce d'apathie que j'ai remarquée chez quelques-uns d'entre eux. Le vrai remède, selon moi, je pourrais même dire le seul, est la construction immédiate de maisons définitives (1) sur un emplacement plus sain, si cela se peut. Le reste est affaire de détail, et le Comité d'Alger pourra compléter l'œuvre de l'Administration. Déjà, depuis mon passage, il a beaucoup amélioré cet état de choses en fournissant à chaque famille des objets de toute sorte.

BELLE FONTAINE
Visité, le 19 décembre 1872, avec M. Noblemaire et M. le capitaine Heintz.
30 familles, 158 personnes.

Village nouveau situé à 48 kilomètres d'Alger et à 9 kilomètres de l'Alma dont il dépend. Un embranchement de 400 mètres conduit de la route au village, qui est admirablement situé sur une hauteur et en vue de la mer. C'est le premier

---

(1) Voir, à la fin de ces rapports, les résolutions qui ont été prises à ce sujet par suite des démarches de M. le comte d'Haussonville et sur ma demande.

centre créé en 1871, et l'Administration y a concentré les crédits restreints dont elle disposait alors. Son territoire comprend 1,300 hectares aménagés pour 41 concessions qui sont aujourd'hui toutes données, savoir : 30 à des familles d'Alsace-Lorraine, et 11 à des Algériens; ce village est donc complet. Les concessions ont, en moyenne, de 26 à 30 hectares, elles sont non-seulement délimitées mais bornées.

Les Alsaciens-Lorrains qui sont à Bellefontaine y sont arrivés en décembre 1871. Ce sont, je crois, les premiers émigrants venus des pays annexés. En les envoyant sur leurs concessions, le Gouvernement a donné 300 francs à chaque famille et les a installées dans des baraques en planches construites par le génie et bien faites, car ces mêmes baraques servent maintenant dans d'autres villages moins avancés. Puis il leur a fait construire par un entrepreneur civil des maisons en pierre dont le gros œuvre a coûté 1,500 francs. Ces maisons ont été complétées par le comité d'Alger qui les a fait plafonner et crépir à l'intérieur. Elles sont élevées de 50 centimètres au-dessus du sol et m'ont paru très-convenables.

Elles ne sont pas *données* aux colons; ils doivent en rembourser le prix en neuf annuités de manière à n'en devenir propriétaires qu'au moment où la durée de leur résidence leur assurera aussi la complète propriété des terres. Cette combinaison paraît excellente, puisqu'elle permet aux colons de ne pas avoir recours aux usuriers dont ils seraient bientôt la proie; mais en cas de non-remboursement par les colons, le Gouvernement se trouvera dans l'obligation de les évincer, s'il persiste à exiger le paiement des annuités.

Chaque famille a reçu de l'Administration une paire de bœufs, une charrue française et 800 kilos de semences, dont 400 en blé et 400 en orge, c'est-à-dire de quoi ensemencer 8 hectares. Ces semences sont arrivées le jour même de ma visite. Presque tous les colons de Bellefontaine avaient labouré entre 5 et 6 hectares de terre, et ils se préparaient à les ensemencer (la culture se fait ici à la française, on laboure, on sème et on herse).

Outre les 300 francs que leur a donnés le Gouvernement, au moment où elles ont quitté Alger pour se rendre à Bellefontaine, chaque famille a reçu une part de la récolte 1872 des terres qu'on lui destinait, et que le Domaine, aux mains duquel le séquestre les avait mises, avait louées aux Arabes pour ne pas les laisser incultes. Cette part de récolte valait environ 250 francs, savoir : 50 francs en foin et 200 francs en blé que les colons ont pu vendre. Enfin, depuis le 1er octobre dernier tous reçoivent des vivres en nature, et des vêtements militaires leur ont été donnés.

De son côté le Comité d'Alger leur a fourni des lits, des instruments de toute sorte et il continue à s'occuper d'eux.

Il y a une école que les enfants suivent avec assiduité; elle est tenue provisoirement par M. Prost, ancien maire de Molsheim, conseiller général du Bas-Rhin qui est venu se fixer à Bellefontaine et qui apporte à cette tâche un dévouement éclairé. Cette situation a dû être régularisée depuis le 1er janvier, car le Conseil municipal de l'Alma a voté 1,500 francs pour l'instituteur et 500 francs pour la première installation de cette école.

La mairie et l'église ne sont pas encore bâties, mais l'Administration va très-prochainement faire construire un bâtiment provisoire pour la célébration du culte; les autres travaux publics, c'est-à-dire les rues, fontaines, abreuvoirs, sont terminés.

L'eau vient d'une source abondante qui a donné à ce village son nom de Bellefontaine; elle est amenée par une conduite en fonte, et elle est excellente.

Les familles établies dans ce village ont donc reçu du Gouvernement tout ce qu'il est possible de leur donner. Elles sont dans une très-bonne situation et n'ont qu'à travailler pour réussir. Leur succès ne paraît pas douteux.

Ce centre pouvant être regardé comme complet, il est utile de savoir ce qu'il a coûté, c'est-à-dire à combien est revenue l'installation d'une famille, en supposant la terre nue, le voici :

L'embranchement de la route, les rues, la conduite d'eau, la fontaine, l'abreuvoir, la construction des maisons et les nivellements de terrains, ont coûté........Fr. 110.000 »
pris sur le budget de 1871.

Pour l'école, la mairie et l'église, non encore construites, il faut prévoir une dépense d'au moins... 40.000 »

Total......Fr. 150.000 »

qui, répartis sur quarante familles, donnent
3.750 Fr. pour chacune, auxquels il faut ajouter :
  200 — dépensés par le comité d'Alger pour plafonner, carreler et crépir les maisons.
  200 — lits et ustensiles de toute sorte.
  300 — remis à chaque famille lors de son arrivée.
  250 — part de la récolte 1872 qui leur a été abandonnée.
1.500 — prix des bœufs, charrues, herses, semences et des vivres qu'on leur fournit pour leur permettre d'attendre la récolte prochaine.

6.200 Fr. total de la dépense par chaque famille installée à Bellefontaine, depuis le jour où elle est venue s'y établir, en décembre 1871, jusqu'au moment où elle pourra récolter en 1873.

LE COL DES BENI-AICHA

Visité, le 20 décembre 1872, avec M. Noblemaire, M. le capitaine Heintz et M. Stolz.

3 familles, 9 personnes.

Village de création ancienne situé sur la route de Dellys, à 55 kilomètres d'Alger et faisant partie de la commune de l'Alma ; il lui a été attribué 1,020 hectares sur les terres séquestrées. Ces terres ne sont délimitées qu'imparfaitement, mais on s'occupe de terminer leur allotissement ; un géomètre est sur les lieux. Le col des Beni-Aïcha est placé à l'embranchement des routes de Dellys et de Constantine ; c'est un point stratégique important, on y a fait construire une gendarmerie fortifiée. J'y vois plutôt un centre de commerce et un passage de voitures qu'un centre de colonisation ; du reste, on y a envoyé peu d'immigrants.

Lors de ma visite, il y avait trois familles établies au tite 2 ; leurs concessions sont, en moyenne, de 30 hectares. L'Administration leur a donné bœufs, charrues, semences et vêtements ; elle leur distribue des vivres. Ces trois familles sont logées en ce moment dans des maisons louées, et on leur construit des gourbis en attendant qu'on puisse leur bâtir des maisons définitives Je leur ai donné quelques secours, et le comité d'Alger s'occupe d'elles. L'école manque dans ce village, mais le conseil municipal de l'Alma a voté, comme pour Bellefontaine, 1,500 francs pour l'instituteur et 500 francs pour l'installation de l'école.

Il n'y a pas non plus d'église ; la préfecture va y faire construire un bâtiment où le culte sera célébré.

BLAD-GUITTOUN

Visité, le 20 décembre 1872, avec M. Noblemaire, M. le capitaine Heintz et M. Stoltz.

27 familles 125 personnes.

Centre créé nouvellement, à 60 kilomètres d'Alger, et dépendant aussi de la commune de l'Alma. 1,200 hectares provenant du séquestre sont destinés à quarante familles, dont dix algériennes et trente alsaciennes-lorraines.

Ce village est placé sur un mamelon, près de la route de Dellys, avec laquelle il communique par un embranchement qu'on termine en ce moment ; il paraît devoir être dans d'excellentes conditions hygiéniques, lorsque la conduite d'eau qu'on est en train de poser sera terminée; les tuyaux en fonte sont sur place. Jusqu'ici les colons n'ont pu se servir que d'un puits placé au bas de la côte, et dont l'eau est mauvaise, ce qui a engendré quelques maladies.

Les 30 familles alsaciennes, auxquelles étaient destinées les concessions sont arrivées en mai 1872. 3 d'entre elles ont reçu leurs terres au titre 1er, ou bien ont des ressources. Les 27 autres n'avaient rien; on les a installées dans 3 grandes baraques en planches, divisées en compartiments intérieurs évidemment trop petits (1); ces baraques devront être remplacées, le plus tôt possible, par des maisons.

Les concessions sont de 25 hectares en moyenne; un géomètre est sur les lieux et s'occupe de délimiter les terres. Dès aujourd'hui, les colons en connaissent assez bien l'emplacement pour pouvoir les cultiver. L'Administration leur a donné des bœufs, une charrue et des herses; les semences étaient attendues. Les labours avaient été commencés par la plupart d'entre eux, mais quelques-uns paraissaient peu ardents au travail.

Comme à Bellefontaine, ces familles ont reçu en arrivant 300 francs chacune en argent, plus une part de la récolte de 1872, qu'elles n'avaient pas préparée. On leur a distribué des vêtements militaires; on leur donne des vivres. Le Comité d'Alger a fait à plusieurs d'entre elles des avances de 100 et 200 francs, moi-même je leur ai remis quelques secours au nom de la Société.

L'école n'est pas construite, mais la commune de l'Alma a voté 1,500 francs pour le traitement de l'instituteur et 500 francs pour la première installation. La classe se fait en ce

---

(1) Depuis mon passage à Blad-Guittoun, ces baraques ont été agrandies, et aujourd'hui (février 1873) l'Administration s'occupe, d'accord avec l'autorité militaire, de faire construire là comme partout des maisons définitives.

moment dans un bâtiment provisoire, elle est assez fréquentée.

Le culte n'est pas encore organisé, mais la construction d'une église, qui servira aux villages voisins, est décidée (1).

En résumé, il me semble que le plus urgent à faire pour ce village est :

1° D'achever la conduite d'eau, ce qui est facile, puisque les tuyaux sont sur place ;

2° De construire pour les colons des maisons définitives.

BORDJ-MEN-AÏEL
Visité, le 20 décembre 1872, avec M. le capitaine Heintz.
familles, 56 personnes.

Village ancien situé à 70 kilomètres d'Alger, sur la route de Dellys, qui, avant l'insurrection, ne comptait que douze feux et dont le territoire a été agrandi par suite du séquestre, de manière à recevoir 90 nouvelles familles, total 102.

Bordj-men-Aïel est le chef-lieu d'une circonscription administrative. On y construit une gendarmerie fortifiée. Le village est placé à cheval sur la route, dans une plaine un peu en pente. 40 familles y sont installées déjà et parmi elles il y a 6 familles alsaciennes-lorraines comptant 32 personnes. Elles sont logées dans des baraques en planches assez saines, provenant de Bellefontaine.

Ces colons ont reçu leurs concessions de terre, qui varient entre 20 et 30 hectares ; ils ont leurs bœufs, leurs charrues et leurs semences et presque tous avaient commencé leurs labours au moment de mon passage. On leur a donné des vêtements et on leur distribue des vivres.

L'état moral m'a paru satisfaisant, les hommes étaient en général à leurs travaux de culture, je n'ai vu que les femmes et les enfants ; l'état sanitaire était bon.

Il n'y a pas encore d'école, ni d'église, l'Administration

---

(1) La préfecture vient d'affecter 25,000 francs à cette dépense, et les travaux vont commencer incessamment (février 1873).

s'en occupe et il y sera prochainement pourvu, au moins d'une manière provisoire. Il y a un lavoir et une fontaine.

RÉBEVAL
Visité le 20 décembre 1872 vec M. le capitaine Heintz.
10 familles, 48 personnes.

Village ancien, situé à 90 kilomètres d'Alger et à 15 kilomètres avant d'arriver à Dellys, sur la rive droite du Sebaou, qu'on traverse, en hiver, sur un bac manœuvré par des pontonniers (en été, il n'y a pas d'eau) ce service public et gratuit est parfaitement organisé.

Rébeval, détruit pendant l'insurrection de 1871, est aujourd'hui rebâti, de même que tous les villages qui ont été brûlés par les Arabes, et son territoire a été augmenté par suite du séquestre, il contient en ce moment 30 familles, dont 20 colons anciens et 10 familles d'Alsaciens-Lorrains (48 personnes) arrivées dans les premiers jours de janvier 1872.

On les a logées d'abord dans la maison d'école et dans une maison kabyle séquestrée; puis l'Administration leur a fait construire par un entrepreneur civil des maisons qui ont coûté 1,000 francs, mais qui ont été mal faites. M. le Gouverneur général a dû tout récemment accorder un crédit de 7,500 francs pour les réparer, ce qui les fait revenir à 1,750 francs chacune.

Les débuts de ces colons paraissent avoir été assez pénibles; les 300 francs qu'ils avaient reçus du Gouvernement ont été vite dépensés, et lorsque je les ai visités, leur moral était peu satisfaisant; la plupart ne faisaient rien pour améliorer leur installation intérieure, ils attendaient tout du Gouvernement ou des Comités; quelques-uns même avaient loué leurs terres aux Arabes moyennant argent dépensé déjà.

Ces familles ont toutes reçu une concession de terre d'environ 20 à 25 hectares et une paire de bœufs ; les charrues sont arrivées le jour de ma visite et les semences étaient attendues de Dellys. L'Administration leur a distribué des vêtements militaires et leur donne des vivres depuis le mois d'octobre.

Cette situation a dû s'améliorer depuis mon passage, car le village est visité à des intervalles fréquents soit par un membre du Comité d'Alger, M. le commandant Zurlinden, soit par le correspondant de ce Comité, M. Drach, greffier du juge de paix de Dellys; tous deux s'en occupent avec le plus grand dévouement. Du reste, Rébeval est dans une situation excellente, il est placé près de Dellys, où conduit une bonne route. Les terres sont très-fertiles, et si ces colons veulent travailler il n'y a pas de doute qu'ils réussiront.

J'ai laissé divers secours dans ce village.

OULED KEDDACH
Visité le 21 décembre 1872, avec M. le capitaine Heintz et M. Drach.
18 familles, 71 personnes.

Également sur la rive droite du Sébaou, à 95 kilomètres d'Alger et à 10 kilomètres de Dellys, dont il dépend. Ce village est de création récente; son territoire est entièrement composé de terres séquestrées, et l'ancien village kabyle lui-même sert aujourd'hui d'abri aux nouveaux colons; dix-huit familles d'Alsace-Lorraine (71 personnes) y sont installées dans des gourbis construits en pierres sèches dont les murs et la toiture menacent ruine, où l'on peut à peine se tenir debout, et qui pourtant suffisaient aux indigènes. Ces maisonnettes en fort mauvais état sont placées à mi-côte, dans une situation saine, et, malgré l'insuffisance des toitures, je n'y ai pas vu de malades. La Commission des centres, chargée de désigner l'emplacement des villages à créer, avait pensé qu'il convenait de construire les maisons nouvelles près de la source, au bas de la côte, à 100 mètres au-dessous du village kabyle. Malheureusement ce terrain, situé trop bas, eût été sujet aux inondations en hiver et aux fièvres en été; mieux valait laisser le village où il est, l'emplacement est plus sain, et les pierres y sont toutes portées (1).

---

(1) M. le préfet d'Alger ayant bien voulu, sur ma demande, nommer une commission d'hygiène pour examiner de nouveau la question, cette commission a été

Toutes les familles ont reçu leurs terres, qui sont excellentes comme dans toute cette vallée ; les contenances varient entre 15 et 20 hectares; les charrues et les bœufs étaient distribués; on attendait les semences, qui devaient être envoyées de Dellys. Tous les colons ont aussi reçu des vêtements militaires, et depuis le mois d'octobre, on leur donne des vivres; les hommes pouvaient, en outre, gagner 2 fr. 50 ou 3 fr. par jour en travaillant à l'embranchement de route qui mène au village. Mais il devenait urgent de commencer les labours, et ce supplément de ressource a dû cesser aujourd'hui. J'ai distribué des secours aux plus nécessiteux.

En général, ces colons m'ont paru pleins de bonne volonté et désireux de travailler. J'ai confiance dans leurs succès; du reste, ce village est, comme Rébeval, visité souvent par les membres du Comité d'Alger, M. le commandant Zurlinden, d'Alger, et M. Drach, de Dellys, et j'ai rencontré un convoi d'artillerie qui apportait des objets de toute sorte, achetés et envoyés par le Comité d'Alger, tant à Rébeval qu'à Ouled-Keddach.

SOUK EL HAAD
Visité le 22 décembre 1872, avec M. le capitaine Heintz.
3 familles, 18 personnes.

Village nouveau dépendant de la commune de l'Alma, situé sur la route d'Alger à Constantine, à 60 kilomètres d'Alger, dans la vallée de l'Isser, dans une position pittoresque et à mi-côte. Les terres proviennent de séquestre; elles sont excellentes et, dans certains endroits, couvertes d'oliviers. Ce centre est destiné à recevoir 42 familles; il y en avait, au moment de ma visite, 25 déjà installées dont 3 alsaciennes-lorraines, composées de 18 personnes. Celles-ci occupent des baraques en planches provenant de Bellefontaine et assez habitables.

Elles avaient reçu leurs concessions de terre (25 à 28 hec-

---

d'avis à l'unanimité qu'il fallait abandonner absolument l'emplacement projeté, et édifier le village là où sont les maisons kabyles et avec les matériaux qui en proviendront : c'est ce qui va être fait, on trace les rues nouvelles. (25 février 1873.)

TERRITOIRE CIVIL. 35

tares), elles avaient leurs bœufs; les charrues sont arrivées le 24 décembre. Les vêtements militaires ont été donnés aux hommes comme partout, et tous les colons reçoivent des vivres.

Sur ces 3 familles, j'en ai vu 2 remplies de bonne volonté; elles n'ont pas l'habitude de la culture, mais elles sont industrieuses et les femmes paraissent être bonnes ménagères; elles avaient déjà commencé leurs labours, en empruntant des charrues; ces 2 familles doivent réussir, de même que la 3ᵉ, lorsqu'elle voudra travailler, car elles sont dans des conditions excellentes.

PALESTRO
Visité le 22 décembre 1872, avec M. le capitaine Heintz.
2 familles, plus 5 célibataires; ensemble, 11 personnes.

A 80 kilomètres d'Alger, sur la route de Constantine, village ancien détruit pendant l'insurrection, qui a rendu son nom tristement célèbre; toutes les maisons sont aujourd'hui rebâties, ainsi que l'église.

Palestro est sur un plateau d'environ 2,000 hectares de superficie, sorte de presqu'île entourée de 3 côtés par l'Isser, qui coule à une certaine profondeur en forme de fer à cheval. Au delà et de tous les côtés, Palestro est dominé par de hautes montagnes très-pittoresques, qui sont habitées par des tribus hostiles et remuantes (les Beni-Kalfhoun et les Hammals). C'est là un poste militaire important plutôt qu'un centre de colonisation pour des Européens. Cependant ce territoire comptait autrefois 58 concessions toutes occupées. Le séquestre a permis d'y ajouter des terres pour 52 concessions nouvelles, dont quelques-unes seulement sont données, entre autres à 5 célibataires et à 2 familles d'Alsace-Lorraine, ensemble 11 personnes.

Ces colons sont arrivés il y a environ un an. On les a placés d'abord sous des tentes; aujourd'hui les deux familles habitent des maisonnettes-gourbis fort insuffisantes; les cinq célibataires se sont réunis et habitent ensemble une maison louée par eux, maison saine et très-convenable; deux d'entre eux avaient entrepris une briqueterie ; l'un a obtenu une concession et va se marier. Les deux familles ont également reçu l'une 25 hectares, l'autre 30 hectares de terres.

Ces trois concessionnaires ont leurs bœufs, leurs charrues et leurs semences. Tous avaient commencé leurs labours.

Ces colons ont eu l'été dernier beaucoup à souffrir des chaleurs, qui sont très-fortes à Palestro ; mais leur état sanitaire était bon lorsque je les ai visités. On leur a distribué des vêtements, et on leur donne des vivres. Enfin, M. Bruat, l'administrateur civil qui réside à Palestro, s'en occupe avec sollicitude. Je crois que ces colons réussiront ; mais, à un point de vue général, ce centre me paraît convenir plutôt à des colons algériens qu'à des Alsaciens-Lorrains.

DRA-EL-MIZAN
Visité le 23 décembre 1872, avec M. le capitaine Heintz.
25 familles, 110 personnes.

A 115 kilomètres d'Alger ; poste militaire et probablement plus tard centre agricole important, lorsqu'il y aura une route plus directe pour y arriver. Dra-el-Mizan est situé au pied et sur le versant nord du grand Djurjura, à une altitude de 600 mètres ; le climat est sain et les terres sont fertiles, son territoire vient d'être augmenté par suite du séquestre.

Pour y arriver, on quitte la route d'Alger à Constantine à 20 kilomètres au-delà de Palestro, c'est-à-dire à 100 kilomètres d'Alger ; on monte pendant 10 kilomètres par une route qui se construit en ce moment, puis on redescend pendant 6 kilomètres. Les communications sont donc difficiles, ou du moins coûteuses pour le moment, et il est fort à désirer qu'on puisse relier ce point à la route de Dellys par la vallée de l'Isser. Il suffirait pour cela de réparer l'ancienne route, qui suit un niveau presque constant et dont le trajet, beaucoup plus court, rapprochera Dra-el-Mizan de Dellys.

Pendant l'insurrection de 1871, ce village a été détruit par les Arabes, mais les colons avaient pu se réfugier dans le fort, qui a été assiégé inutilement pendant 50 jours, et qui leur rendrait encore le même service. Aujourd'hui le village est rebâti et considérablement agrandi.

J'ai trouvé à Dra-el-Mizan vingt familles alsaciennes-lorraines comprenant 97 personnes, qui y étaient venues en décembre 1871. Le jour même où j'ai quitté Dra-el-Mizan, j'ai rencontré trois familles nouvelles composées de 13 personnes voyageant sur des prolonges d'artillerie qui apportaient aux familles déjà installées une quantité d'objets envoyés par le Comité d'Alger. J'y ai donc laissé vingt-trois familles, 110 personnes.

Les vingt familles arrivées il y a un an avaient reçu chacune de l'administration une somme de 300 francs en quittant Alger; elles ont été d'abord logées dans le fort de Dra-el-Mizan, puis dans des gourbis. Les commencements ont été difficiles pour elles; mais, grâce au commandant du fort, M. le commandant Bélin, et au garde d'artillerie, M. Hartmann, qui est Alsacien, presque toutes ces familles sont en voie de se tirer d'affaire; elles ont reçu peu d'assistance pécuniaire et cependant presque toutes avaient, lors de ma visite, leurs maisons construites ou les construisaient. Les colons y travaillaient de leurs mains; sept de ces maisons étaient terminées, quatre étaient sorties de terres, les autres en étaient encore aux fondations. Trois familles seulement n'avaient encore rien fait et se conduisaient mal. L'exemple de ce village prouve ce que peut l'envie de travailler jointe à une direction sympathique et intelligente. Il faut dire cependant que sur ces maisons les colons doivent les uns 600 francs, les autres 800 francs, d'autres 1,000 francs; là est le danger pour eux; mais le Comité d'Alger s'en occupe.

Tous ont reçu leurs concessions, qui varient entre 14 et 20 hectares, quantités insuffisantes pour des familles nombreuses; le séquestre permettra de compléter bientôt ce qui leur manque. Tous avaient reçu une paire de bœufs; les charrues arrivaient par le convoi que j'ai rencontré en partant ; les semences avaient été distribuées à chaque colon; et comme le climat de Dra-el-Mizan est relativement froid, ils pourront encore labourer.

Bien que Dra-el-Mizan compte près de 500 habitants, il n'y a pas d'église dans ce village; l'école est dirigée par un instituteur et une institutrice laïques. Plusieurs habitants voudraient une salle d'asile tenue par des sœurs pour les tout jeunes enfants, et les colons alsaciens m'ont exprimé ce désir; mais c'est là une question qui concerne uniquement les autorités municipales.

En résumé, le succès de ces familles ne me paraît pas douteux ; mais on pourrait les aider à payer ce qu'elles doivent sur les maisons qu'elles ont bâties.

St-PIERRE ET St-PAUL
Visités le 25 décembre 1872, avec M. le capitaine Heintz et M. Darru, membres du comité d'Alger, et M. Bourlier, maire de la commune et conseiller général.

Cette commune se compose de deux villages rapprochés l'un de l'autre, et dont la création remonte déjà à quelques années. Ils sont reliés à la route d'Alger à Dellys par un embranchement de 11 kilomètres, qui part du point appelé la Regaya, situé à 30 kilomètres d'Alger ; ils sont donc placés à 41 kilomètres d'Alger. L'embranchement a coûté 55,000 francs.

Le village de *Saint-Paul* est bien situé, sur une hauteur; il est créé pour quarante feux, dont dix sont réservés à des familles d'Alsaciens-Lorrains. Huit y sont installées déjà, elles comptent 35 personnes. Quatre de ces familles occupent des baraques en planches provenant de Bellefontaine et très-habitables, quoique petites; les autres sont logées dans des gourbis qui sont plus ou moins bien aménagés, comme partout, suivant l'activité et l'intelligence de chacun.

Ces colons ont reçu entre 18 et 20 hectares de terre, dont 4 ou 5 sont défrichés. Ils ont leurs bœufs, leurs charrues et leurs semences. Tous ont commencé leurs labours.

Jusqu'ici ils ne recevaient pas de vivres gratuits; le maire de la commune, M. Bourlier, qui s'est toujours occupé d'eux avec sollicitude, préférait leur faire gagner un salaire proportionné à la quantité de terres incultes qu'ils défrichaient sur leurs propres concessions; cependant l'époque des labours ne permettait pas de continuer cette combinaison heureuse en elle-même, et pour que les colons puissent ensemencer leurs terres, ils vont recevoir des rations de vivres comme dans les autres communes.

Le *village de Saint-Pierre* est moins heureusement placé que le précédent. Il est situé à 2 kilomètres plus loin et dans le fond d'une vallée. Il y a dans ce moment 20 familles, dont 2 alsaciennes-lorraines (7 personnes); l'une d'elles est logée dans une maison; elle a ses terres, ses bœufs, charrue, semences, etc.; l'autre ne pourra pas conserver sa concession : le père a 77 ans, le mari, poitrinaire en arrivant, vient de mourir, la mère reste seule avec 3 enfants. Des dispositions ont été prises par le Comité et par l'Orphelinat d'Alger pour venir au secours de cette famille.

J'ai remis dans ces deux villages divers secours, dont M. Bourlier a bien voulu se charger de surveiller l'emploi.

COMITÉ D'ALGER. Tous les émigrants d'Alsace-Lorraine établis dans la province d'Alger ont été, depuis le moment de leur débarquement, et sont encore aujourd'hui l'objet d'une sollicitude incessante de la part du Comité, que président à Alger M. le docteur Gros, M. Noblemaire, directeur du chemin de fer, et M. Maillard, directeur du Crédit foncier.

Les membres de ce Comité, dont la création est récente (10 novembre 1872), presque tous originaires des pays annexés, se sont partagé les villages dans lesquels il y a des Alsaciens-Lorrains concessionnaires au titre 2. Ils les visitent fréquemment et connaissent chaque colon. Un registre tenu avec soin indique les noms et l'âge de tous les membres de chaque famille, ce dont ils ont besoin, ce qu'ils ont reçu et ce qu'il leur faut encore.

Le Comité agit de concert avec l'administration, et l'autorité militaire, de son côté, lui prête des prolonges d'artillerie pour les transports à faire dans les villages d'objets de toute nature. J'ai moi-même rencontré plusieurs de ces convois portant des brouettes, pelles, pioches, lits, matelats, vivres, etc.

Suivant l'autorisation que j'en avais reçue de la Société, j'ai remis au Comité d'Alger une somme de 40,000 francs, dont 30,000 devront être employés à compléter l'installation des maisons que va faire construire le Gouvernement. En effet, dans cette province comme dans celle d'Oran, la construction des maisons est la dépense vraiment utile et urgente. C'est sur cette question surtout que j'ai appelé l'attention de M. le Gouverneur général, car elle me paraît la plus importante de toutes. J'y reviendrai plus loin en faisant connaître les mesures qui ont été prises avant mon départ d'Alger et celles qui, depuis mon retour, ont été étendues aux villages créés dans les trois provinces.

PROVINCE DE CONSTANTINE.

Constantine, 18 janvier 1873.

Les familles Alsaciennes-Lorraines qui se sont dirigées sur cette province sont établies, les unes en territoire civil, les autres en territoire militaire. La nature des terres qu'on leur a données et, par suite, les conditions de leur installation diffèrent suivant qu'elles sont sur l'un ou sur l'autre territoire.

En territoire civil, où il n'y a pas eu d'insurrection et par conséquent pas de séquestre, on leur a donné des terres domaniales (Azels)(1) qui existent encore en assez grande quantité dans cette province, principalement à l'Ouest de Constantine, dans la direction de Milah et de la Kabylie (2).

C'est un pays accidenté, relativement froid, dont l'altitude moyenne est de 7 à 800 mètres au-dessus du niveau de la mer, où les terres sont fertiles, mais où il n'y a que peu ou point de routes et où le bois manque absolument. C'est à cause de cet abondance de terres disponibles et toutes défri-

---

(1) Voir pour la signification de ce mot la note page 20.

(2) Le territoire de la province de Constantine comprend à peu près 7 millions d'hectares dont 550 mille forment le territoire civil, et 6 millions 450 mille le territoire militaire. Sur cet ensemble de 7 millions d'hectares, il y a 245,000 hectares d'azels, dont 159,000 sont propres à la colonisation, et dont 75,000 sont situés en territoire civil. C'est de ces 75,000 hectares qu'il s'agit ici ; il y en a environ 10,000 distribués déjà ; il en reste environ 65,000 disponibles.

chées, et aussi à cause du climat de cette région, que la province de Constantine passe pour être plus propre que celles d'Alger et d'Oran à la colonisation par les Européens, car du reste le pays est aussi nu que la province d'Oran et bien plus que la province d'Alger, du moins dans les environs de Constantine.

En territoire militaire, l'insurrection de 1871 et le séquestre qui en a été la suite, ont mis entre les mains de l'État 55 mille hectares de terres excellentes, situées principalement dans les cercles de Bougie, Djidjelli, Collo et Batna, qui ont été les principaux centres de la révolte. Les vallées du littoral dans lesquelles sont placées la plupart de ces terres sont d'une richesse incomparable; malheureusement quelques-unes passent pour être peu salubres, et la chaleur y est très-forte pendant l'été. On a donné aussi en territoire militaire quelques terres affectées autrefois à des Smalas et qui, par des décisions récentes, ont été mises à la disposition des colons d'Alsace-Lorraine. Ce sont des terres domaniales.

C'est donc sur les terres *Azels* situées en territoire civil, terres autrefois cultivées par les Arabes et par conséquent toutes défrichées, et sur les terres *séquestrées* en territoire militaire, auxquelles il faut ajouter quelques terres de smalas également défrichées, que la *Commission des centres* a dû porter son choix, lorsqu'elle a été chargée de désigner l'emplacement des villages à créer dans la province de Constantine; ce choix a été naturellement déterminé par l'emplacement des sources nécessaires à chaque village.

Territoire civil. (Province de Constantine.)

Voici comment sont réparties les familles Alsaciennes-Lorraines établies dans les villages nouveaux ou anciens situés en territoire civil :

	Au 15 janvier 1872.	Au 25 février 1872.
Beniziad (ou Rouffach)...	45 familles 239 personnes.	52 familles 000 personnes.
Bled-Youssef............	24 — 120 —	24 — 000 —
Sidi-Khalifa............	18 — 91 —	18 — 00 —
Aïn-Melouck (ou Obernai)..	17 — 85 —	18 — 00 —
Bou-Maleck(ou Eguisheim).	11 — 51 —	12 — 00 —
Sou-kel Sebt............	2 — 7 —	18 — 00 —
Oued-Séguin............	3 — 19 —	3 — 00 —
Clausel................	5 — 24 —	5 — 00 —
	125 familles 636 personnes.	150 familles 750 personnes.

Total au 25 février, 150 familles ayant reçu des concessions de terre au titre 2; il y a en outre 14 familles réparties dans différents villages ou dans des fermes isolées, qui sont concessionnaires au titre premier, et qui peuvent être considérées comme ayant des ressources suffisantes. Je ne m'occuperai que des 125 familles (aujourd'hui 150) ci-dessus qui ne pouvaient s'établir qu'avec l'aide de l'Administration et des Comités, car elles sont arrivées dénuées de tout.

J'ai visité, avec M. le préfet de Constantine, qui a bien voulu me faire l'honneur de m'accompagner, les 5 villages nouveaux où il y a le plus d'Alsaciens-Lorrains; quant aux 3 autres villages dans lesquels il n'y a qu'un très-petit nombre de familles, leur éloignement ne m'a pas permis de m'y rendre, mais les informations que j'ai prises sur eux peuvent aussi être considérées comme exactes.

BENIZIAD (ROUFFACH)
Visité, le 8 janvier 1873, avec M. Desclozeaux, préfet de Constantine, M. le Secrétaire-général et M. le chef de bureau chargé de ce service.

Situé à 22 kilomètres de Constantine, dans la direction de l'Ouest; pour y arriver, on suit pendant 15 kilomètres le chemin de grande communication, que l'on construit entre Constantine et Milah, et qui n'est ouvert que sur 18 kilomètres. A partir du quinzième kilomètre, on prend à gauche de cette route un embranchement construit exprès pour le village de Beniziad, sur un parcours de 7 kilomètres. Ce chemin est empierré, mais non cylindré. Les transports sont fort difficiles pour le moment.

Le territoire de Beniziad comprend 3,900 hectares; il est destiné à recevoir 70 familles, dont 50 Alsaciennes-Lorraines. Il y en a dès à présent 45, plus trois groupes de célibataires auxquels des concessions ont été données, et qui sont comptés comme familles. Total, 239 personnes. Il y a, en outre, 21 familles de colons algériens; ce centre est donc complet.

L'emplacement a été bien choisi, il est situé à mi-côte et regarde le nord-est. Une source abondante est amenée par une conduite d'environ 2 kilomètres, jusqu'au centre du village; les fontaines sont faites; on construit l'abreuvoir et le lavoir. Les rues sont empierrées, et les maisons sont bâties. J'en parlerai plus loin.

Ce village a été le premier créé, il a été commencé en 1871, et comme les 5 autres sont calqués sur le même plan, je donnerai sur celui-ci quelques détails qui leur sont également applicables.

TERRES. — La moyenne des concessions est de 40 hectares, plus un lot urbain pour le jardin et l'habitation. — Cette quantité, qui est à peu près la même pour toutes les concessions données en territoire civil, est double de celle qui a été accordée dans les provinces d'Oran et d'Alger; elle dépasse celle que peut cultiver une famille et une grande partie sera nécessairement louée aux Arabes. Toutes ces terres sont défrichées. Chaque concession a été, sur l'avis de la commission départementale, divisée en 2 zones (et il en est de même pour tout le territoire civil) : la première zone est uniformément de 10 hectares et se trouve à proximité des villages ; la seconde est plus éloignée et sa contenance varie suivant l'importance des familles, elle n'est fixée qu'après leur installation — Dans le village de Beniziad et pour les 4 villages dont je vais parler ci-après, cette dernière zone a été, par les soins du Comité de Constantine et avec l'assentiment de la préfecture, louée aux Arabes à raison de 8 francs l'hectare, avec la condition qu'ils sèmeraient, pour en laisser la récolte aux colons, 120 litres de blé et 60 litres d'orge par chaque charrue (une charrue représente 15 hectares en plaine et 8 hectares en montagne). Cette combinaison, bonne pour la première année, leur assure des semences pour 1874 et remédie aux difficultés inhérentes à une première installation.

Habitations. — Les premières familles sont arrivées en 1872, elles ont été placées d'abord sous des tentes, puis l'Administration leur a fait construire 24 maisons en pierre et terre (la chaux étant très-rare ici, faute de combustible), ces maisons ont chacune 10 mètres de long sur 7 m. 60 de large ; elles sont divisées dans le sens de leur longueur par le mur d'arête, et chacun de ces 2 compartiments sert pour un famille qui a ainsi comme espace 10 mètres sur 3 m. 80 c. — Ces maisons sont couvertes en diss, sorte de jonc qui garantit de la chaleur, mais qui est traversé par la pluie lorsqu'elle dure quelque temps. Cette toiture est donc tout-à-fait défectueuse, et sous peine de compromettre la santé des colons, elle devait être remplacée au plus tôt par des tuiles.

Ce travail coûtera pour Beniziad 728 francs par maison double, soit 364 francs par famille. Il m'a semblé que cette dépense était de celles que la Société d'Haussonville peut prendre à sa charge, et comme la même disposition a été adoptée pour tous les villages, je dirai de suite, pour n'avoir pas à revenir sur ce sujet, que, après m'être entendu avec l'ingénieur en chef M. Lebiez, sur le chiffre de la dépense que devait entraîner le remplacement du diss par des tuiles pour toutes les maisons ou gourbis construites ou en construction, j'ai remis à M. le Préfet de Constantine la somme de 34,000 francs nécessaire pour ce travail, qui sera entrepris d'urgence à Beniziad et dans les 4 villages ci-après.

Assurément ces maisons ne peuvent pas être regardées comme des constructions définitives, elles sont trop petites et moins convenables sous tous les rapports que celles de Bellefontaine (Alger), mais ainsi couvertes en tuiles elles peuvent durer 10 ans et plus; beaucoup de paysans français n'en ont pas de meilleures, et s'il leur manque quelque chose les colons, qui les reçoivent en pur don, pourront y faire telles améliorations et augmentations qu'ils jugeront convenables (1).

Rues du village. — Elles m'ont paru trop larges. Les maisons se trouvent très-éloignés les unes des autres, la même disposition se retrouve dans le plan des autres villages. J'y reviendrai à propos de Bled-Youssef, dont j'ai pris les dimensions exactes.

Bœufs. — A Beniziad les bœufs n'ont pas été *donnés* aux colons, ils leur ont été prêtés par le Comité de Constantine, et ils ont été payés comme je vais le dire : 18 paires par le Comité de Constantine sur ses propres fonds, et 30 paires sur les fonds de la *Société de secours aux blessés* qui

---

(1) Cette observation n'est vraie que pour les deux villages de Beni-Ziad et Bled-Youssef, car dans les trois villages de Sidi-Khalifa, Aïn-Melouck et Bou-Maleck, les dimensions des maisons déjà commencées sont trop petites, comme je le dirai plus loin, et il faudra peut-être en construire d'autres prochainement.

s'est fondue avec la Société dite *des ensemencements*. Ces 30 paires de bœufs restent la propriété de cette Société, et les 18 autres paires sont la propriété du Comité de Constantine. Tous ces bœufs sont abrités dans une grande barraque en bois construite par le Comité, et sont gardés la nuit par les colons à tour de rôle. Le fourrage a été acheté par le Comité.

Les bœufs de cette province sont un peu plus forts que ceux des provinces d'Alger et d'Oran, on les a payés au poids, et ils ont coûté en moyenne 600 francs la paire.

Charrues. — Les charrues ont été données à toutes ces familles; ce sont des charrues françaises fabriquées à Nancy (petites Dombasles), qui ont été commandées et payées par la préfecture; de même que dans les deux autres provinces, les colons les trouvent trop lourdes pour les bœufs du pays, et ils sont à peu près partout obligés de doubler leurs attelages.

Labours. — A Beniziad les colons venaient de commencer leurs labours dans la première zone; comme dans ce pays la végétation est plus tardive que dans les régions du littoral, ils pourront encore ensemencer leurs 10 hectares. Ils ont dans tous les cas une récolte assurée sur la 2me zone qui a été louée aux Arabes. Ceci s'applique à tous les villages situés dans le territoire civil de cette province.

Semences. — Chaque famille a reçu 400 kilos de blé et 100 kilos d'orge. Ces semences sont fournies par l'Intendance militaire, sauf remboursement sur les crédits affectés au Ministère de l'Intérieur.

Vêtements. — Ainsi que dans les deux autres provinces, l'administration a fait distribuer à tous les colons des vêtements militaires réformés. Quant aux vêtements de femmes et d'enfants, les Comités de Paris avaient envoyé déjà beaucoup d'objets de toute nature qui ont été répartis entre ces divers villages. Le jour même de notre visite à Beniziad, la préfecture envoyait des bonnets et des sabots. De nouveaux dons étaient attendus ; tous les envois dans ce genre seront les bienvenus.

Vivres. — Avant le 1er janvier 1873, à Beniziad et dans les autres villages du territoire civil, les colons ne recevaient pas de vivres en nature. Les hommes travaillaient aux routes d'embranchements ou aux rues des villages, et il étaient payés à la tâche. Ce système est excellent en principe, puisqu'il habitue les émigrants à ne compter que sur leur travail ; cependant il a des inconvénients : le colon qui travaille aux routes ne peut ni construire ni améliorer son habitation ; un seul homme ne peut pas toujours, avec ce genre d'occupation, nourrir une famille aussi nombreuse que le sont les familles alsaciennes ; il y a des jours de chômage, pluies, chaleurs excessives ou maladies ; enfin les hommes travaillent en chantiers, et il suffit de quelques paresseux pour abaisser le salaire de tous. Ces inconvénients se sont en effet produits, et M. le préfet de Constantine a dû, pour y remédier, élever le prix du travail fait, et abaisser le prix des denrées, par des conventions passées avec les fournisseurs, en d'autres termes, faire supporter la différence par le budget de la colonisation — et il a bien fait. Dans tous les cas ce système n'était plus applicable à l'époque des labours, et depuis le premier janvier tous les colons reçoivent, dans tous les villages, des vivres en nature, comme dans les deux autres provinces.

Ecole. — Il y a à Beniziad une école installée dans une maison semblable à celles dont j'ai parlé ci-dessus. L'instituteur, qui depuis plusieurs mois était payé par le Comité, vient d'être régulièrement nommé, et recevra à l'avenir son traitement de l'Etat.

Eglise. — Il n'y a pas d'église dans ce village, ni dans aucun de ceux que j'ai visités.

Situation morale. — Ces colons donnaient lieu dans les premiers temps à des plaintes qui paraissent fondées, mais depuis qu'ils ont reçu leurs bœufs et leurs charrues, c'est-à-dire depuis qu'ils peuvent labourer des terres qui sont à eux, le sentiment de la propriété paraît avoir exercé sur leur esprit une influence salutaire. Sauf deux ou trois familles qui sont incorrigibles, tous les colons travaillent et semblent pleins de confiance dans l'avenir.

Aperçu de la dépense. — Beniziad est celui de tous les villages de la province de Constantine qui est le plus avancé, il est donc intéressant de comparer ce qu'il a coûté avec les chiffres déjà donnés pour les centres créés dans les deux autres provinces.

Chemin d'accès (7 kilomètres)........	87.000 francs.
Conduite d'eau, fontaine, lavoir et abreuvoir.................................	31.000 —
Nivellement et empierrement des rues du village...........................	23.000 —
L'école provisoire.......... 3.000 Fr. La toiture en tuiles coûtera 2.000 Fr.	5.000 —
Etudes et projets du village..........	5.500 —
Eglise, mairie et école à construire....	40.000 —
Total pour travaux publics	191.500 francs.

Qui, répartis sur soixante-dix familles, donnent pour chacune une dépense de 2,750 francs à la charge de l'Etat; nous avons vu que le chiffre était de 3,000 francs pour les villages de cinquante feux, la différence tient à ce que la dépense se trouve ici répartie sur un plus grand nombre de familles.

A ces 2,750 francs il faut ajouter la dépense des maisons, bœufs, charrues, vivres jusqu'à la récolte, vêtements, mobilier, etc., qui montent au moins, comme nous l'avons vu, à 3,000 francs, dépense personnelle de la famille et à laquelle il faut pourvoir d'une façon ou d'une autre. Ici encore nous retrouvons le chiffre minimum d'environ 6,000 francs pour l'installation d'une famille.

BLED-YOUSSEF.
Visité, le 10 janvier 1873, avec M. le préfet de Constantine.
24 familles. 120 personnes.

Village créé en même temps que le précédent, et qui est à peu près dans les mêmes conditions, sauf qu'il est moins avancé. Ces deux centres sont calqués l'un sur l'autre, et les mêmes observations leur sont applicables.

Bled-Youssef est situé à 50 kilomètres de Constantine : on suit d'abord pendant 40 kilomètres la route de Constantine à Sétif, et à partir de Oued-Athménia on prend à droite le chemin en construction, qui se dirige sur Milha et sur lequel, au 8ᵉ kilomètre, viendra s'embrancher un chemin d'accès de 2 kilomètres qui reliera le village à cette route; les crédits existent.

Le territoire de Bled-Youssef comprend 2,100 hectares destinés à recevoir 36 familles, dont 24 Alsaciennes-Lorraines qui y sont déjà installées depuis le mois de mai dernier.

Le village est placé sur une hauteur dans une position salubre, l'eau y sera amenée par des conduites qu'on posait lors de mon passage, les habitants se sont jusqu'à présent servis d'un puits qu'on avait creusé dès le début.

L'Administration a fait construire 12 maisons doubles exactement pareilles à celles de Beniziad. Les 24 familles Alsaciennes y sont aujourd'hui logées.

La toiture en diss va être, comme je l'ai dit ci-dessus à propos de Beniziad, remplacée par de la tuile aux frais de la Société d'Haussonville. Ce travail coûtera ici 840 francs par maison double, c'est-à-dire plus cher qu'à Beniziad à cause de la plus grande difficulté des transports.

Les maisons sont trop éloignées les unes des autres, elles sont placées à 45 mètres de la rue, qui, elle-même, a 16 mètres de largeur, il y a donc 106 mètres entre les maisons sur leurs faces et 45 mètres sur leurs côtés. Cette disposition a été adoptée pour tous les villages créés dans cette province (territoire civil) dans le but de permettre à chaque colon d'avoir son jardin près de sa maison, mais il en résulte un isolement qui rendra plus faciles les vols de nuit pour lesquels les Arabes sont d'une habileté sans pareille (on assure que dans les fermes isolées, ils vont jusqu'à percer les murs pour y faire passer un cheval ou une vache volée).

Pour l'école, mêmes observations que pour Beniziad ; elle est installée dans une maison dont la toiture en diss devra aussi être remplacée, — cette dépense regarde l'État. Le traitement de l'instituteur, payé jusqu'ici par le Comité, le sera, à partir du 1er janvier, par l'État.

Les concessions sont d'environ 35 hectares, elles sont divisées en 2 zones, comme je l'ai expliqué pour Beniziad ; il en est de même pour les villages ci-après.

Les bœufs ont été achetés et prêtés aux colons par le Comité de Constantine, qui en reste propriétaire comme à Beniziad ; il sont aussi logés dans une barraque appartenant au Comité. La préfecture a envoyé des charrues à chaque colon, les semences sont aussi distribuées ; les labours ont commencé sur la 1re zone et la récolte est assurée dans tous les cas sur la 2me zone. Comme partout, les colons ont reçu des vêtements militaires, et ils sont nourris par les soins de l'Administration.

La situation morale des immigrants de ce village était autrefois signalée comme mauvaise ; mais, depuis qu'ils ont leurs terres, leurs bœufs et leurs charrues, ils se sont mis au travail, et ne donnent plus lieu à des plaintes. En résumé, ce village m'a paru être en bonne voie, et je crois qu'il réussira comme Beniziad.

SIDI-KHALIFA
Visité, le 10 janvier 1873, avec M. le préfet de Constantine.
18 familles, 91 personnes.

Centre nouveau en voie de création, situé à 8 kilomètres au-delà du village précédent, et sur la même route d'Oued Athménia à Milah, c'est-à-dire à 58 kilomètres de Constantine. On n'y arrive en ce moment qu'à cheval ou à mulet.

Le territoire affecté à ce village comprend 1,900 hectares aménagés pour 24 familles, dont 18 Alsaciennes et 6 Algériennes. Les concessions données à ces colons sont d'environ 50 hectares, mais les terres sont en pente et difficiles à cultiver. Même division en 2 zones que pour les villages ci-dessus.

Ces familles sont arrivées en octobre 1872, l'autorité militaire leur a prêté des tentes où elles habitent encore. Le Comité de Constantine avait fait construire une grande baraque, croyant leur donner un abri plus commode, mais elles ont préféré rester sous les tentes, où elles sont chez elles, et le bâtiment en planches est inoccupé.

L'Administration leur fait construire en ce moment 9 maisons destinées à recevoir chacune 2 familles; mais, faute de crédits suffisants, on a adopté pour ce village et pour les deux suivants un modèle de maisons trop petit, même comme abri provisoire. Chaque famille n'aura qu'un espace de 6^m50 sur 3^m25, et il n'est pas possible d'y remédier, car les constructions sont commencées; mais ce qu'on peut faire et ce qui sera fait, comme je l'ai expliqué à propos de Beniziad, c'est de remplacer par des tuiles la toiture en diss qui devait être posée; ce changement coûtera 540 francs par maison; il se fera aux frais de la Société d'Haussonville. Les maisons dont le prix était de 1,080 francs reviendront ainsi à 1,620 francs, soit 810 francs par famille. Si l'on ajoute à ce chiffre le prix de la tente prêtée (250 francs), qui se trouvera hors d'usage quand on la rendra, on arrive à une dépense de 1,060 francs par famille, et l'on n'aura en définitive qu'un abri très-insuffisant.

Cette même dépense, faite à temps et avec l'aide des ressources dont dispose l'autorité militaire, transports, ouvriers, etc., permettrait d'avoir une maison convenable dans le genre de celles qui ont été construites à Bellefontaine, et qui pourrait suffire au colon pendant 10 ans. Je reviendrai sur cette question.

Les bœufs, les charrues et les semences ont été donnés aux colons par la préfecture, et ici les colons sont propriétaires des bœufs, ainsi que dans les 2 villages suivants. Ils ont reçu des vêtements militaires comme partout, et sont nourris depuis le premier janvier, époque à laquelle ils ont commencé leurs labours. Leur situation morale est bonne.

Au sujet de ce village, je dois signaler la conduite d'un marabout du voisinage, *si Allaoua oueld si el Haoussin*, qui, dès les premiers moments de l'arrivée des Alsaciens, a été pour eux d'une bienveillance remarquable. Il leur a fait distribuer gratuitement des vivres, moutons, lait, œufs, etc., et l'on m'a assuré que maintenant encore les enfants qui montent à son *bordj* n'en reviennent jamais les mains vides. Il a d'autant plus de mérite à agir ainsi, que les terres, *Azels*, attribuées à ce village étaient autrefois détenues par lui et sa famille, à qui on les a retirées pour les donner aux colons. Ce marabout est riche et influent dans la contrée. M. le préfet de Constantine et moi avons été invités par ses fils, venus au devant de nous, à nous rendre chez lui. Nous y avons reçu l'hospitalité et la Diffa, et avant de le quitter, je lui ai fait exprimer, au nom de la *Société de protection*, les remerciements que mérite sa conduite généreuse envers nos compatriotes.

BOU-MALECK (ou EGHISHEIM)
Visité, le 9 janvier 1873, avec M. le préfet de Constantine.
11 familles, 51 personnes.

Situé à 47 kilomètres à l'ouest de Constantine, route de Constantine à Sétif. Après Oued-Athménia, 40 kilomètres, on prend à droite le chemin de Milah sur lequel, au troisième kilomètre, viendra s'embrancher un chemin d'accès de 4 kilomètres qui conduira à Bou-Maleck, mais cet embranchement n'est pas commencé; il faut 40,000 francs pour le faire, et il n'y a pas de crédit ouvert.

Le territoire attribué à ce centre aura 1,400 hectares; il est destiné à vingt-quatre familles, dont seize alsaciennes; quatorze ont déjà reçu leurs concessions, entre 35 et 40 hectares. Onze familles, formant 51 personnes, sont installées sous des tentes; les trois autres attendent à Constantine que les maisons soient construites.

Ces maisons, que l'on bâtit en ce moment, sont en tout pareilles à celles du village précédent, elles sont trop petites, 6^{m}50 sur 3^{m}25 pour une famille, et les mêmes observations leur sont applicables; les toitures en diss seront également remplacées aux frais de *la société* par des toitures en tuiles.

Comme rues, il n'y a rien de fait encore; la fontaine, le lavoir ne sont pas commencés, les habitants puisent l'eau à une source dont l'emplacement, un peu bas, a déterminé celui du village.

Ce centre n'est qu'à son début.

Les colons ont leurs charrues et leurs bœufs donnés par la préfecture; ils ont reçu des vêtements militaires, et sont nourris depuis le 1er janvier; ils ont commencé leurs labours. L'état moral m'a paru satisfaisant.

AÏN-MELOUSK (ou OBERNAI)
Visité, le 9 janvier 1873, avec M. le préfet de Constantine.
17 familles, 85 personnes.

En prolongeant de 8 kilomètres le chemin d'accès qui devra être construit sur Bou-Maleck (voir ci-dessus), on arrive à Aïn-Melouck, qui se trouve par conséquent à 55 kilomètres de Constantine. Cette portion de l'embranchement coûtera 80,000 francs, ce qui, pour l'ensemble du chemin nécessaire à ces deux villages, fait 120,000 francs, pour lesquels il n'y a pas de crédit. On n'arrive à Aïn-Melouck qu'à cheval ou à mulet.

Ce village n'est encore qu'à l'état de projet, l'emplacement désigné est une éminence de terrain, où se trouve une ferme arabe, et qu'entourent à distance 4 douars indigènes. Au bas du coteau il y a quelques plantations et une source qui doit fournir l'eau aux habitants.

2,500 hectares ont été attribués à ce centre, et sont destinés à 44 familles, dont 20 alsaciennes et 24 algériennes. 17 familles alsaciennes formant 85 personnes y sont installées et ont reçu leurs concessions (35 et 40 hectares). 9 de ces familles sont logées dans la ferme et y sont on ne peut plus mal; les huit autres sont sous la tente et y sont, à coup sûr, plus sainement; mais des tentes ont été données et sont dressées pour les 17 familles, et il est probable que les 8 premières préféreront les habiter aussitôt que la température deviendra plus douce; les hommes y couchent déjà.

Les maisons sont adjugées, mais non commencées; elles seront dans les mêmes conditions que celles de Sidi-Khalifa et de Bou-Maleck, c'est-à-dire trop petites. Ce ne seront que des abris provisoires; comme pour les autres villages, la toiture projetée en diss sera remplacée par de la tuile aux frais de la *Société de protection*.

Les charrues et les bœufs ont été achetés par la préfecture, mais comme il n'y a rien pour les abriter, on les a logés dans une ferme voisine, à 2 kilomètres du village, chez M. le comte de Tourdenet fils. Les charrues étaient sur place. Quant aux labours, ils n'étaient pas commencés au moment de ma visite.

Comme partout, les colons ont reçu des vêtements et ils sont nourris.

Prise dans son ensemble, cette situation n'est pas bonne, ce village est celui de tous où il y a le plus à faire, ou, pour mieux dire, il n'y a rien de fait ; mais M. Desclozeaux, préfet de Constantine s'en occupe avec zèle, et je ne doute pas que cet état de choses s'améliore rapidement.

Je dois dire à ce sujet que M. le préfet de Constantine apporte dans cette tâche difficile un dévouement remarquable : il visite souvent les villages en formation et fait son possible pour assurer l'installation et la réussite des nouveaux colons.

Pour les quatre villages ci-dessus, et pour celui d'Oued-Séguin, dont je parlerai tout à l'heure, il est très-bien secondé par le maire d'Oued-Séguin, M. *Balliste*, ancien chef de bureau de la préfecture, devenu lui-même colon, et qui se transporte souvent dans ces villages pour assurer l'exécution des mesures prises par la Préfecture et par le Comité de Constantine. Il surveille la distribution des vivres, il aide les colons de ses conseils et pourvoit aux difficultés de détail qui peuvent se produire ; des moniteurs ont été, par ses soins, donnés aux colons pour leur apprendre à labourer ; ils sont payés par la préfecture.

OUED-SÉGUIN.
5 familles, 19 personnes.

Village ancien, situé à 35 kilomètres de Constantine, à gauche de la route de Sétif. Il restait dans ce village quatre concessions vacantes : on en a donné trois à des immigrants Alsaciens qui sont arrivés en février 1872 ; ces concessions sont d'environ 50 hectares.

A leur arrivée, le maire, M. Balliste, leur a procuré des logements dans des maisons, et du travail pour vivre ; mais depuis le 1er janvier, ils reçoivent des rations comme les autres colons. Ils ont leurs bœufs, leurs charrues, leurs semences, et ont commencé leurs labours. Quand ils les auront terminés, ils entreprendront de leurs mains la construction de leurs maisons sous la direction de M. Balliste, qui a réservé pour les premiers travaux une partie des 300 francs remis dans le début à chaque famille par le Gouvernement ; on pourrait les aider dans ce travail.

Ces colons, ainsi dirigés, sont assurés de réussir.

CLAUZEL.
5 familles, 24 personnes.

Ancien village, situé près de Guelma, où il y a toutes les ressources nécessaires. Les 5 familles, ensemble 24 personnes, qu'on y a envoyées, sont logées dans des maisons ; elles ont reçu leurs concessions de terre ; le Comité de Constantine leur a fourni des bœufs (prêtés, non donnés) ; la préfecture leur a donné des charrues, des semences et des vêtements l'Administration les nourrit. M. Cahn, président du Comité de Constantine, m'a assuré que ces familles étaient en bonne situation. Je n'ai pas pu me rendre à Guelma.

SOUK-EL-SEBT.
2 familles, 7 personnes.

Centre nouveau, créé récemment près de Jemmapes, et où rien n'est encore fait. 30 familles algériennes y ont des concessions, et on y a envoyé 2 colons alsaciens-lorrains. L'un, le sieur Bidon, a reçu sa concession au titre 1er ; l'autre, est son neveu, il a sa concession au titre 2. Ce dernier a reçu des bœufs du Comité de Constantine ; la préfecture lui a fourni une charrue, des semences, vêtements, vivres, etc.

Comme il y a encore des concessions vacantes à Souk-el-Sebt, on y enverra, sans doute, d'autres familles alsaciennes prochainement ; elles seront sous la tente, et là, comme ailleurs, des maisons devront leur être construites (1).

Il sera aussi nécessaire de faire un chemin d'accès de 10 kilomètres pour relier Souk-el-Sebt à la route de El-Arouch à Bône. Ce chemin coûtera 150,000 francs ; il n'est pas commencé, et il n'y a aucun crédit en 1873.

---

(1) Il y a aujourd'hui, 25 février, 18 familles à Souk-el-Sebt et d'après les renseignements reçus, ce village sera dans d'excellentes conditions.

AMBULANCE CRÉÉE A OUED ATHMÉNIA.

Les 4 villages de Bled-Youssef, Sidi-Khalifa, Bou-Maleck et Aïn Melouck, dont j'ai parlé ci-dessus, se trouvent sur des points relativement peu distants les uns des autres, et sont tous dans un rayon de 18 kilomètres de Oued-Athménia, qui peut être considéré comme un point central. M. le préfet de Constantine a eu l'excellente idée d'y créer une ambulance, qui rendra les plus grands services, si la santé des colons, qui était satisfaisante lors de mon passage, vient à souffrir des chaleurs l'été prochain.

On a loué dans ce but un bâtiment en très-bon état, composé d'un rez-de-chaussée et d'un étage (chose rare en Afrique), ayant chacun 4 pièces. J'y ai vu déjà quelques médicaments, mais en trop petite quantité (1). On y attendait les lits, et des sœurs de Bon-Secours y sont arrivées le 11 janvier, jour où nous avons quitté Oued-Athménia.

Dans certains cas la promptitude des secours est une condition de salut, et de pareilles créations ne sauraient être trop encouragées.

VILLAGES PROJETÉS EN TERRITOIRE CIVIL.

Outre les villages dont je viens de parler, d'autres centres de colonisation sont projetés dans la même direction, c'est-à-dire du côté de Milah et au nord-ouest de Constantine. Je citerai notamment Aïn-Kerma, Milah, Aïn-Tinn, Ferdoua, Zeraia, Seragna, Bou-Faah. Mais, comme je l'ai déjà observé, la première question à résoudre est la question des routes, et il n'y en a pas dans cette contrée ; tant qu'elles n'auront pas été créées, il me paraît préférable d'envoyer les immigrants dans des centres placés sur des voies de communications toutes faites.

---

(1) Une liste des médicaments nécessaires à cette ambulance était jointe à mon rapport. Le Comité Worms a bien voulu se charger de cet envoi au préfet, ainsi que d'une quantité d'objets mobiliers que demandait le Comité de Constantine.

Territoire militaire (PROVINCE DE CONSTANTINE).

Voici comment sont réparties les familles Alsaciennes-Lorraines fixées sur le territoire militaire de la province de Constantine (1).

	Le 20 janvier 1873.			Le 25 février 1873.		
Aïn-Abessa, près de Sétif.	30 familles	140	personnes	41 familles	194	personnes
La Réunion, près de Bougie.	27	120	—	27	115	—
El-Kseur, près de Bougie..	3	14	—	3	14	—
Oued-Amisour, id. ...	3	11	—	3	11	—
Duquesne, près de Djidjelli.	21	90	—	30	120	—
Aïn-Touta, près de Batna.	7	30	—	10	39	—
Khenchela, près d'Aïn Beïda	0	5	célibatair.	0	4	célibatair.
Akbou (nouveau centre)...	0	0	—	5	33	—
	93 familles	410	personnes	119 familles	530	personnes

Après avoir recueilli à Constantine les renseignements nécessaires pour rendre mon voyage profitable, je suis parti pour Sétif, d'où M. le général Deplanque, qui commande la subdivision, a bien voulu me faire l'honneur de m'accompagner dans ma visite à Aïn-Abessa, — puis je me suis dirigé de Sétif sur Bougie, en suivant la route qui passe à Takitount et traverse les magnifiques gorges du *Châbet-el-Akra*, et qu'on ne peut actuellement parcourir qu'à cheval ou à mulet, en passant à gué beaucoup de rivières, qui, après quelques heures de pluie, deviennent infranchissables.

Cette route, à laquelle travaillent les ponts-et-chaussées, ne sera réellement praticable aux voitures que dans quatre ou cinq ans et moyennant de grandes dépenses,—jusque-là Bougie, qui

---

(1) Les chiffres du 20 janvier sont ceux que j'ai constatés dans ma tournée, ou qui m'ont été indiqués à cette époque; ceux du 25 février résultent des informations que M. Kahn, président du Comité de Constantine a bien voulu donner tout récemment à la Société.

est un centre important à tous les point de vue, qui possède la plus belle rade de l'Algérie, et où viennent déboucher tous les produits de la Kabylie, ne sera en communication avec Constantine, son chef-lieu, que par mer et au moyen des deux bateaux à vapeur qui passent chaque semaine, sauf les transports par mulets.

Quant aux communications de Bougie avec Alger, elles ne sont possibles actuellement que par mer ; elles se feront par terre lorsque le Génie aura terminé la route qu'il construit en ce moment dans la vallée de l'*Oued-Sahel*, route dite des *Beni-Mansour*, déjà faite sur 40 kilomètres, qui se dirige du Nord au Sud et qui rejoindra la route d'Alger à Constantine.

Quant à *Duquesne*, situé près de Djidjelli, on ne peut y arriver que par mer. Il m'aurait fallu, pour visiter ce seul village, attendre huit jours à Djidjelli le passage du bateau, ou bien renoncer à voir *La Réunion* et la vallée de l'Oued-Sahel, près de Bougie, qui est intéressante à cause de l'avenir qu'on lui suppose et des difficultés soulevées sur ce point par les opérations du séquestre.

La question des routes est une des plus importantes en Algérie, c'est pourquoi j'ai cru utile de donner ces détails qui peuvent mieux faire apprécier la situation des centres de colonisation que l'on crée en ce moment.

AIN-ABESSA.
Visité le 30 janvier 1873, avec M. le général commandant la subdivision de Sétif.

30 familles, 148 personnes.

A 24 kilomètres au nord-ouest de Sétif, ancienne route de Sétif à Constantine (par les caravansérails), qui n'est en ce moment praticable que sur 12 kilomètres, le reste n'est pas empierré ni même complétement terrassé. Après le 22ᵉ kilomètre, on suit à gauche un chemin d'accès de 2 kilomètres qui n'est pas achevé et qui conduit à Aïn-Abessa.

Ce centre, de création récente, a été établi sur un territoire domanial autrefois affecté à la smala du 3ᵉ régiment de spahis, et que M. le Ministre de la Guerre, par une décision du

14 septembre dernier, vient d'attribuer à la colonisation. — Il comprend actuellement 2,300 hectares, mais lorsque les opérations du séquestre qui doivent avoir lieu seront terminées, (car cette zone a été englobée dans l'insurrection), le territoire de ce centre sera porté à 3,900 hectares — il doit alors recevoir 100 concessionnaires, dont cinquante algériens et cinquante alsaciens-lorrains.

Le pays est très-accidenté. Son altitude est de 1,150 mètres, la chaleur y est assez modérée en été et le froid assez vif en hiver; j'y ai vu de la glace de deux ou trois centimètres d'épaisseur. Le 20 janvier, jour de ma visite, il y avait à Aïn-Abessa 31 familles alsaciennes-lorraines, dont une au titre 1er, plus une quinzaine de familles algériennes, ces dernières établies dans des barraques en planches qu'elles se construisaient. Je ne parlerai que des familles alsaciennes concessionnaires au titre 2.

Elles sont arrivées vers le 20 octobre 1872; on les a logées dans les bâtiments qui servaient autrefois à la Smala des spahis. Ces bâtiments vastes et bien construits en pierres, couverts en tuiles, ont été réparés par le Génie qui y a dépensé 9,400 francs en aménagements pour les émigrants. Ceux-ci y sont parfaitement bien installés; la plupart habitent au 1er étage, tous sont dans des conditions de salubrité que je n'ai rencontrées nulle part.

Aussi n'ai-je pas vu un seul malade. Le pays est sain par son altitude, et les bâtiments eux-mêmes sont placés sur une hauteur. Les eaux y sont excellentes et abondantes, il y a une source dans l'intérieur de la Smala.

Chaque famille a reçu une concession d'environ 17 hectares, dont 1 hectare en prairie, et 10 ares d'excellents jardins tout plantés d'arbres fruitiers en plein rapport, qui ont dû nécessiter des frais considérables, et que les colons n'auront que la peine d'entretenir. Presque tous avaient commencé la culture de leurs jardins.

Les Bœufs avaient été distribués; ils ont été achetés, payés et envoyés à Sétif par la préfecture de Constantine — ils sont abrités la nuit sous un hangar adossé au mur extérieur de la Smala, et pour éviter les vols tentés déjà par les Arabes, on est obligé de les faire garder par un factionnaire.

Les Charrues avaient été également données.

22 familles sur 30 avaient commencé leurs labours, elles pourront ensemencer cette année entre 4 ou 5 hectares — quant au surplus, l'autorité militaire a eu soin, en raison de l'époque tardive à laquelle ont été livrés les charrues et les bœufs, de louer aux Arabes une partie des terres, environ 10 hectares par concession, à raison des 2/5e de la récolte en nature pour les colons, ce qui leur assure des semences pour la récolte suivante.

Les Vivres sont fournis en nature, des vêtements ont été distribués comme partout. Le Comité de Sétif a envoyé divers objets et entre autres choses des chèvres pour les enfants. — Enfin un officier (M. le lieutenant Schlinker) est en permanence sur les lieux avec quelques hommes d'infanterie; il s'occupe des colons tout en veillant sur la Smala, qui ne leur a pas été abandonnée, mais prêtée comme logement provisoire.

On n'a encore commencé ni maisons, ni travaux publics, il n'y a donc pas, à proprement parler, de village jusqu'à présent; il y a des familles très-bien installées dans des bâtiments appartenant à l'État, auxquelles on a donné des jardins à cultiver et des terres dont les limites n'ont pas pu être exactement indiquées, mais tout cela est du provisoire; la Smala ne pourra pas toujours rester occupée comme elle

TERRITOIRE MILITAIRE. 63

l'est ; il est désirable qu'on arrive le plus tôt possible à une installation définitive, et à la construction de maisons qu'on louerait aux familles ou qu'on leur donnerait suivant le système adopté et où elles seraient chez elles.

LA RÉUNION
Visitée le 24 janvier 1873 avec M. le chef de bataillon Flatters, commandant le cercle de Bougie.
27 familles, 120 personnes.

A 16 kilomètres de Bougie, dans la vallée de l'Oued-Sahel dont la riche végétation devait naturellement frapper la commission des centres chargée d'indiquer l'emplacement des nouveaux villages à créer. On suit, pendant 14 kilomètres sur la rive gauche de la rivière *Soumamm*, la route de Bougie à Beni-Mansour, sur laquelle un chemin d'accès de 1,500 mètres viendra s'embrancher pour relier le village à la route.

La Réunion a été créée en avril 1872 pour 50 feux, dont 40 Alsaciens-Lorrains et 10 Algériens, — les familles Alsaciennes sont arrivées dès le mois de mai, c'est-à-dire à l'époque où commencent les chaleurs qui sont très-fortes dans ces vallées du littoral; toutes ont été plus ou moins éprouvées par le climat. Soit que la vallée de l'Oued-Sahel mérite réellement la réputation d'insalubrité qui lui est faite, soit que les nouveaux émigrants n'aient pris, comme on l'assure, aucune des précautions qui leur étaient indiquées, presque tous ont eu les fièvres. Plusieurs enfants ont succombé, et quelques familles effrayées ont quitté ce village pour se diriger sur d'autres points de l'Algérie, où je les avais déjà retrouvées.

Il y avait à la Réunion 27 familles, plus 2 célibataires, formant un effectif de 120 personnes. J'y ai vu très-peu de malades, mais la saison actuelle n'est pas celle des fièvres, et malgré la présence d'un médecin militaire qui est installé à demeure sur les lieux, il n'est pas certain que les colons n'aient pas encore à souffrir cet été; cependant le village est placé sur une hauteur et dans une situation qui paraît saine, et l'on doit supposer que la vraie cause des maladies est l'eau que boivent actuellement les colons. — Cette eau provient d'un ruisseau (l'Oued-Rihr, un des affluents de la Soumamm), qui coule au bas du mamelon, et dans lequel il y a beaucoup de lauriers-roses; or, cet arbuste que nous cultivons en serre et qui, en Algérie, encombre tous les ruisseaux, passe pour avoir des racines vénéneuses. L'autorité militaire les fait arracher sur l'ordre exprès de M. le Gouverneur général; je ne sais si cette mesure, excellente en elle-même, suffira ; ce qu'il y aurait assurément de mieux à faire serait de construire immédiatement la conduite d'eau qui est en projet, et qui doit amener à la Réunion une source excellente, située à 8 kilomètres environ. — L'eau entre pour une large part dans les conditions de salubrité d'un pays, et je suis très-porté à croire, comme beaucoup des colons eux-mêmes que c'est là qu'il faut chercher la cause des accidents qui se sont produits l'été dernier.

HABITATIONS. — Pour loger les nouveaux immigrants, le Génie militaire a fait construire, au mois d'avril dernier et au moyen de corvées arabes, des gourbis en pierres et terre avec toiture en diss, qui ont coûté très-bon marché, mais qui sont peu habitables. 108 de ces gourbis ont été bâtis tant à *la Réunion* que dans les 2 villages voisins-El-Kseur et Oued-Amisour. M. le Gouverneur général a déjà donné pour les réparer un crédit de 5,000 francs, mais toute dépense faite pour ces habitations ne peut être qu'un expédient passager. Ce ne sont que des abris, et le mieux est de construire le plus tôt possible ; les ordres ont été donnés pour qu'on prépare les projets des maisons définitives.

TERRES. — Chaque concession sera d'environ 25 hectares, de terres excellentes, qui sont situées dans la vallée et sur les côtes voisines, plus une certaine étendue de prairies et un lot urbain ; mais jusqu'ici il n'a été possible de donner à chaque famille que 15 à 18 hectares suivant les emplacements. En voici la raison :

Le territoire attribué à ce village provient tout entier du séquestre, et lorsqu'il s'est agi de prendre possession des terres pour les allotir et les distribuer aux colons, il s'est rencontré des difficultés assez sérieuses. Beaucoup de familles indigènes, possédant environ 500 hectares de terre sur ce territoire séquestré, ont pu prouver qu'elles n'avaient pas pris part à l'insurrection et qu'au contraire elles combattaient avec nous. Dès lors le séquestre n'était pas applicable à leurs propriétés individuelles (melck). L'emplacement, sur lequel sont bâtis les gourbis provisoires du village, appartient précisément à l'un de ces indigènes. — Afin d'éviter un entrecroisement de parcelles qui serait la source de difficultés interminables, il a fallu acquérir par expropriation celles qui appartiennent aux indigènes, et leur donner en échange des terres situées plus loin ; et pour y arriver, les employés du Domaine ont dû procéder à la vérification des titres de propriété des indigènes, opération des plus compliquées. Les uns n'en ont pas, d'autres en ont qui sont faux, quelquefois plusieurs actes de notoriété attribuent la même terre à des individus différents, souvent il y a plusieurs propriétaires pour une parcelle, enfin il y a des terres hypothéquées ou appartenant à des mineurs. Toutes ces questions demandent du temps, et ce n'est qu'après avoir rempli toutes les formalités qu'elles entraînent, que le Domaine sera réellement en possession des terres qu'on destine aux colons de la Réunion. Ce travail est prêt sur le papier ; lorsqu'il aura reçu l'approbation de M. le Gouverneur général, on procédera à la délimitation des lots.

Ces détails montreront que *l'allottissement* n'est pas toujours une opération facile comme on le croit au premier abord.

Labours. — Les bœufs avaient été distribués et les charrues envoyées par la préfecture dans les premiers jours de décembre. Une partie des terres était déjà labourée par les colons, le reste a été, pour cette première année, loué aux Arabes à raison de 2/5e de la récolte en nature pour le colon.

Outre les charrues que la préfecture a fait venir de Nancy (petites Dombales), et qui sont déjà lourdes pour les bœufs de ce pays, j'ai vu à la Réunion vingt charrues avec avant-train à 2 roues en fer, très-belles, et qui ont dû coûter fort cher, mais elles sont tellement lourdes qu'il faudrait trois paires de bœufs pour les conduire; elles sont restées sur la place du village, la plupart encore entourées de leur paille d'emballage; il ne m'a pas été possible de savoir qui les a envoyées.

Les vivres sont donnés en nature, et l'on a aussi distribué comme partout des vêtements militaires réformés.

La situation morale de ces colons s'est naturellement ressentie, dans les premiers temps, des maladies qu'ils ont éprouvées. Elle a été fort mauvaise jusqu'au mois d'octobre dernier; mais la fin des chaleurs et quelques mesures prises à propos ont replacé ce village dans des conditions normales. Quelques familles laissent à désirer, cependant la plupart est animée d'un bon esprit; l'une d'elles, composée du père, de la mère et de 3 garçons, a commencé la construction d'une assez grande maison avec cave. Tous y travaillent de leurs mains. D'autres colons donnent aussi le bon exemple; ceux-là ne font pas de réclamations et paraissent pleins de confiance. Ils attribuent les fièvres à l'eau qu'ils boivent, mais ils ne pensent pas qu'il y ait lieu de changer l'emplacement du village, encore moins songent-ils à abandonner les concessions de terre qu'on leur a données.

En l'état actuel des choses, ce qui me paraît devoir surtout être fait, c'est : 1° de construire des maisons le plus tôt possible ; 2° de commencer immédiatement les travaux nécessaires pour amener l'eau de source qu'on destine aux colons, et en attendant, de continuer l'arrachement des lauriers-roses qui infestent l'*Oued-Rhir* où les colons puisent en ce moment l'eau qu'ils boivent.

Du reste ce village est l'objet de soins particuliers : M. le commandant Flatters, qui commande le cercle de Bougie, M. le lieutenant Molé et M. le docteur Dupont, qui résident à la Réunion, s'en occupent avec toute la sollicitude possible, et sauf la question de salubrité, sur laquelle on ne peut se prononcer d'une manière définitive, ce village m'a paru être dans les mêmes conditions que les autres.

EL-KSEUR (ou BITSCHE).
5 familles, 14 personnes.

A 20 kilomètres de Bougie, en remontant la vallée par la route des Beni-Mansour, et sur la rive gauche de la Soumamm. Village créé en même temps que la Réunion, mais où les colons n'ont été envoyés que vers le 1ᵉʳ novembre ; ils n'ont donc pas eu à souffrir des chaleurs de l'été.

La commission des centres lui a attribué approximativement 2,500 hectares pour 80 concessions, dont quelques-unes ont été réservées à des familles alsaciennes-lorraines. Ce sont aussi des terres séquestrées, et les difficultés dont j'ai parlé ci-dessus se sont produites également pour ce territoire, mais à un moindre degré, parce que, El-Kseur étant plus loin dans la vallée, presque tous les indigènes se sont insurgés. Chaque concession sera d'environ 25 hectares, les colons connaissent approximativement leurs terres, et ont pu les cultiver déjà.

Il y a en ce moment dans ce village trente-six familles, dont

30 algériennes et 3 alsaciennes. Ces trois dernières sont installées dans des maisonnettes exactement pareilles à celles de la Réunion, et qui sont en fort mauvais état. L'autorité militaire a envoyé des tentes pour le cas où elles deviendraient inhabitables. J'ai vu à la Réunion l'un des colons d'El-Kseur; il m'a donné sur sa situation et celle des deux familles qui sont avec lui, des renseignements favorables : ils reçoivent des vivres, ils ont leurs bœufs, leurs charrues et ont commencé leurs labours. Il n'y a à El-Kseur qu'une source insuffisante; le creusement d'un puits et la construction des maisons sont les mesures urgentes à prendre pour ce village.

OUED-AMISOUR.
3 familles, 11 personnes.

(Qu'on voulait aussi nommer *Colmar*), à 30 kilomètres de Bougie sur la route de Bougie à Sétif, par les caravansérails, dans la vallée de l'Oued-Sahel, mais sur la rive droite de la Soumamm. A partir du 4ᵉ kilomètre, on ne peut aller qu'à cheval ou à mulet, je n'ai pas visité ce point.

Oued-Amisour est situé dans une vallée qui passe pour extrêmement salubre, sur un affluent de l'Oued-Sahel; les eaux y sont abondantes et de bonne qualité. C'est un centre nouveau auquel la commission des centres a affecté 3,000 hectares de terres provenant du séquestre, et au sujet desquelles il n'y a pas de contestations possibles. Il doit recevoir 75 familles la plupart algériennes, cependant on y a envoyé trois familles alsaciennes, comprenant onze personnes.

Elles sont logées dans des gourbis pareils à ceux de la Réunion et d'El-Kseur, et l'autorité militaire vient aussi d'y envoyer des tentes pour servir d'abri aux colons en cas de besoin.

Pour les bœufs, les vivres, les charrues, les semences et les vêtements, ces trois familles sont dans les mêmes conditions que les autres. M. le commandant Flatters va les visiter et s'occupe d'elles.

TERRITOIRE MILITAIRE.

AKBOU.

(Metz), dans la vallée de l'Oued Sahel, à 80 kilomètres de Bougie, terres séquestrées, 50 concessions projetées ; depuis mon passage, on y a envoyé 5 familles Alsaciennes, mais en principe ce centre est réservé aux Algériens.

DUQUESNE.
21 familles, 90 personnes.

Centre nouveau situé à 16 kilomètres de Djidjelli, sur la route de Djidjelli à Constantine, qui n'est ouverte que sur 7 kilomètres ; on ne peut s'y rendre qu'à cheval.

La commission des centres lui a attribué approximativement un territoire de 3,800 hectares pour 100 concessionnaires, dont 50 Algériens et 50 Alsaciens-Lorrains.

On n'avait envoyé d'abord à Duquesne que 3 ou 4 familles Alsaciennes, et leur situation paraît avoir été assez mauvaise dans le principe, mais depuis le mois d'octobre les choses ont pris une meilleure tournure. Un lieutenant, M. Méquesse, habite sur les lieux, et s'occupe spécialement des colons sous la direction de M. lieutenant-colonel Swiney qui commande le cercle de Djidjelli.

Le nombre des familles qui y sont installées au 25 février se monte à 30, et il est probable qu'il s'augmentera parce qu'on y envoie maintenant les immigrants qui débarquent à Philippeville sans destination précise ; on les loge dans les gourbis arabes, construits en pierres sèches, qui existent en assez grand nombre sur ce territoire. Ce n'a pas été sans résistance que les Arabes, dont on séquestrait les terres, ont abandonné leurs gourbis, et au mois d'octobre, il a fallu envoyer sur les lieux une compagnie de zouaves et un escadron de chasseurs d'Afrique. Depuis lors ces Arabes ont été dirigés sur d'autres points, du côté de la Tunisie ; mais pour plus de sécurité, le village est encore occupé par une compagnie d'infanterie.

21 paires de bœufs venaient d'être envoyées aux colons par la préfecture de Constantine ; ils ont aussi leurs charrues et

leurs semences, mais il est trop tard pour qu'ils puissent labourer plus de 3 ou 4 hectares chacun.

Ils reçoivent des vivres comme partout.

Les concessions seront d'environ 25 hectares, je dis *seront*, car les observations faites ci-dessus au sujet des terres séquestrées à la Réunion sont, en partie, applicables ici.

Aucun travail public n'est encore commencé à Duquesne, et tout y est à créer.

AIN-TOUTA.
7 *familles*, *30 personnes*.

Auquel on voulait donner le nom de *Horbourg*, situé à 28 kilomètres au-delà de Batna, sur la route de Batna à Biskra. Ancienne Smala de spahis, affectée récemment comme celle d'Aïn-Abessa, à la colonisation.

En ce moment, sept familles (30 personnes) sont logées dans les batiments de la Smala, pour lesquels on a dépensé 5,400 francs en réparations.

Ce centre est destiné à 30 concessions, dont 25 sont réservées aux Alsaciens-Lorrains. Le territoire est de 925 hectares; chaque famille en recevra 24. Ce sont des terres domaniales toutes défrichées, et que cultivaient autrefois les Arabes; leur lotissement ne peut donc présenter aucune difficulté.

On assure que le territoire d'Aïn-Touta n'est pas salubre. Par suite de défaut d'entretien, on a laissé les ruisseaux former une espèce de marais, auquel on attribue les fièvres de ce pays; dans ce cas il suffirait d'assurer l'écoulement des eaux, mais ce centre est fort éloigné dans le Sud, et je ne crois pas que ces contrées soient celles où l'on doit envoyer les Alsaciens-Lorrains.

Ceux qui y sont, en ce moment, sont sous la protection de l'autorité militaire de Batna, qui s'en occupe avec toute la bienveillance possible.

KHENCHELA. Situé à 32 kilomètres à l'Est de Batna, près d'Aïn-Beïda. —
5 célibataires. Il y a là 5 célibataires, qui sont occupés à des travaux publics et gagnent leur vie. On dit que ce centre est destiné à un certain avenir. Il est situé à 1,300 mètres au dessus du niveau de la mer. On y trouve de l'eau et du bois, même des forêts, chose rare en Algérie.

600 hectares ont été séquestrés, et l'autorité militaire pense qu'on peut y établir 20 familles.

Pour le moment, Khenchela n'est qu'une position militaire, et, au point de vue de la colonisation, il n'y a rien de fait.

Du reste, ce point est très-éloigné, et le Gouvernement dispose d'une assez grande quantité de terres, pour qu'il ne soit pas nécessaire de placer si loin les familles d'immigrants.

De même que pour la province d'Oran, les familles qui ont été envoyées dans le territoire militaire de la province de Constantine sont dans une situation dont l'ensemble est plus satisfaisant que celle des colons placés en territoire civil. Les ressources de toute nature que peut employer l'autorité militaire, la surveillance qu'elle peut faire exercer, et la précision avec laquelle ses ordres sont exécutés en sont les causes toutes naturelles.

Aussi M. le général de division n'avait-il pas encore eu besoin, lors de mon passage, de recourir à la subvention de 15,000 francs, que la Société de protection l'avait prié d'employer pour les immigrants placés sur son territoire. Je me suis concerté avec M. le général Bonnet, commandant par interim, pour que cette somme fût utilisée le plus tôt possible.

Quant aux maisons définitives, rien n'est encore commencé, et, sous ce rapport, cette partie de l'Algérie est moins avancée que les autres; mais lorsque j'ai quitté Constantine, on s'occupait de préparer les projets de ces constructions.

Du reste, les colons sont abrités partout d'une façon suffisante, bien que provisoire ; il y a dans chaque village, ou à proximité de chaque village un officier qui en est spécialement chargé, et s'il survenait quelque incident, il y serait promptement remédié.

<small>VILLAGES PROJETÉS EN TERRITOIRE MILITAIRE.</small> Outre les centres dont je viens de parler, dans lesquels il y a déjà des alsaciens-lorrains, l'autorité militaire se propose de créer sur son territoire d'autres villages dont voici les principaux :

Aïn-Rouah (Landser) à 24 kilomètres à l'ouest de Sétif, sur la route de Sétif à Bougie par les caravansérails ; terres domaniales toutes défrichées, sur lesquelles 500 hectares viennent d'être affectés à la colonisation et destinées à 25 familles, dont 13 algériennes et 12 alsaciennes. Le caravansérail d'Aïn-Rouah vient d'être réparé pour y loger ces dernières familles à leur arrivée ; elles y seront dans les mêmes conditions que celles d'Aïn-Abessa. Pour le moment il n'y en a pas encore.

Aïn-Tagrout (Chèvremont). Autre caravansérail également réparé pour y loger des Alsaciens, à 30 kilomètres de Sétif, sur la route de Sétif à Bord-Bouarréridj ; il n'y a encore personne.

Strasbourg, à 11 kilomètres de Djidjelli, c'est-à-dire à 2 kilomètres au-delà de Duquesne. Rien n'est fait encore ; il n'y a pas de colons ; et l'emplacement lui-même du village doit être changé par suite de difficultés provenant du séquestre.

El-Antaïa, à 24 kilomètres au nord de Biskra, dans une plaine où la chaleur est très-forte. Ce centre sera réservé pour les Algériens, si le projet n'est pas abandonné.

RÉSUMÉ POUR LES TROIS PROVINCES ET CONCLUSIONS.

Alger, 31 janvier 1873.

Nombre des immigrants pour toute l'Algérie.

En résumé, Monsieur le Président, on peut évaluer à 2.500 le nombre des Alsaciens-Lorrains émigrés depuis la guerre, qui se trouvaient en Algérie à la fin de l'année 1872 (1). 449 familles, composées de 2,086 personnes, étaient installées dans les divers villages dont j'ai parlé ci-dessus et avaient obtenu des concessions de terre. Un grand nombre de célibataires étaient répandus sur tous les points de la colonie; enfin quelques familles avaient trouvé à s'occuper dans les villes et s'y étaient fixées. A Philippeville, par exemple, il y a 10 familles, composées de 39 personnes, auxquelles il a été distribué, de la part de la Société d'Haussonville, des secours montant à 1,000 francs. Ces familles et d'autres qui sont dans le même cas, ne sont pas comprises dans les chiffres ci-dessus.

Sur ces 449 familles, 32 seulement ont pu justifier de la possession d'un capital de 5,000 fr., et ont reçu des conces-

---

(1) Au 1er mars 1873, le nombre des émigrants embarqués à Marseille est de 3,261 (voir la note page 74).

sions en toute propriété (titre 1ᵉʳ); les 417 autres (ensemble 1,991 personnes) sont arrivées absolument sans ressources et ont été, depuis le moment de leur débarquement, logées, nourries, habillées et installées sur leurs terres aux frais du Gouvernement et des comités de France et d'Algérie. Mais ces chiffres se sont modifiés depuis mon passage, car le mouvement d'immigration tend à s'accroître et il arrive continuellement de nouveaux immigrants (1).

Débuts de l'immigration en Algérie.

Les premières familles ont débarqué en Algérie au mois de décembre 1871; elles ont été reçues, soit à Alger, soit à Philippeville et à Constantine (celles d'Oran sont arrivées plus tard), par les Comités locaux qui, après s'être concertés avec le Gouvernement, les ont nourries et *hospitalisées* pendant quelque temps. Aussitôt que cela a été possible, on les a dirigées, au moyen de prolonges d'artillerie, sur les terres qu'on leur destinait, mais on n'avait eu ni le temps ni l'argent nécessaires pour leur construire partout des abris suffisants.

---

(1) D'après les renseignements que M. le préfet des Bouches-du-Rhône et le Comité de Marseille ont bien voulu fournir à la Société d'Haussonville, le nombre des émigrants embarqués jusqu'au 1ᵉʳ mars 1873 est de 3261. (Voir la note page 6.)
A cette même date nous retrouvons :

	69 familles,	339	personnes dans la province d'Oran.
	183 »	802	» » » d'Alger.
	283 »	1270	» » » de Constantine.
Total.	535 familles,	2511	personnes, non compris les célibataires,

et les familles qui s'étaient fixées dans les villes.

Beaucoup avaient quitté leur pays sans avoir rempli aucune des conditions indiquées par la loi du 15 septembre 1871, et sans s'être adressées aux commissions instituées dans ce but à Nancy et à Belfort; elles n'en obtenaient pas moins le passage gratuit. Quelquefois même elles n'ont été annoncées qu'après leur débarquement, fait dont j'ai été témoin à Constantine au mois de janvier dernier.

La plupart de ces immigrants ne sont pas des cultivateurs, ce sont en général des ouvriers des villes ou des habitants des contrées forestières, qui n'ont jamais conduit une charrue, et l'on a dû leur donner non-seulement les instruments de culture, mais encore des moniteurs indigènes ou européens pour leur apprendre à s'en servir.

Cette situation devait naturellement créer des embarras sérieux à l'Administration, et il était inévitable qu'il en résultât des souffrances pour les colons; il est certain, en effet, que pour beaucoup d'entre eux les commencements ont été pénibles; mais cette situation n'est plus la même aujourd'hui. Grâce aux efforts de tous, des autorités militaires aussi bien que des autorités civiles, grâce aussi, il faut le dire, à l'intervention efficace des Comités locaux aidés par les Comités de la métropole, toutes ces familles, malgré les conditions déplorables dans lesquelles elles se sont dirigées sur l'Algérie, sont aujourd'hui installées, et se trouvent dans une situation telle qu'on doit croire au succès de toutes celles qui voudront travailler. Assurément, il leur manque beaucoup encore, et la bienfaisance ne doit pas se lasser de leur venir en aide, mais l'installation complète d'une famille qui n'a absolument rien, sur une concession de terre où tout est à créer, est une opération tellement laborieuse qu'il faut reconnaître qu'on a fait pour les immigrants tout ce que les circonstances ont permis de faire.

RÉSUMÉ

Concessions de terres faites aux Alsaciens-Lorrains.

Aujourd'hui toutes les familles ont été mises en possession de leurs terres ; celles qui sont sans ressources les ont reçues au titre 2, c'est-à-dire avec condition de résidence. Ce n'est qu'après neuf ans que la toute-propriété leur appartiendra ; mais aucune autre condition que celle de la résidence ne leur est imposée. (Voir la note au bas de la page 10.)

La contenance des lots varie suivant les provinces et suivant la nature du sol. Quelques uns ont jusqu'à 40 et 50 hectares ; la moyenne est de 25 à 30 hectares ; le Gouvernement ne donne des terres qu'aux familles. Les célibataires n'en reçoivent pas, cependant quelques exceptions ont été faites.

On a dit, et le fait paraît exact, que dans les premiers temps qui ont suivi le vote de la loi des 100,000 hectares, le Gouvernement n'avait pas pu délivrer de terres aux immigrants, dont quelques-uns seraient retournés en Alsace, faute de recevoir assez promptement les concessions sur lesquelles ils comptaient. — Il est très-vrai qu'à ce moment il n'y avait pas de terres disponibles ; les terres domaniales (Azels) étaient louées, et les terres séquestrées à la suite de l'insurrection n'avaient pas encore pu être mises à la disposition de l'État. Mais les terres ne manquent plus aujourd'hui, et le Gouvernement donne des concessions, non-seulement aux immigrants d'Alsace-Lorraine, mais à toutes les familles françaises qui veulent résider sur leurs terres et les cultiver.

Provenance des terres concédées.

Ces terres peuvent provenir de trois sources différentes : du Domaine, du séquestre, ou d'acquisition par voie d'échange ou d'achat.

Dans *la province d'Oran*, où les terres domaniales sont en petite quantité (environ 28,000 hectares, dont très-peu seraient propres à la colonisation) et où l'insurrection n'a pas éclaté en 1871, les villages créés récemment, l'ont été sur des terres achetées comme à Aïn-Fekan, ou sur des terres appartenant à l'État, mais anciennement affectées à des établissements publics (smalas ou pénitenciers), comme à Aïn-Nazereg et à Boukanifis. Tous les centres nouveaux ont été placés d'abord en territoire militaire ; mais le territoire de deux d'entre eux, Bou-Kanifis et Sidi-ben-Youb, a été, depuis le 1er janvier dernier, remis à l'autorité civile.

Dans *la province d'Alger*, au contraire, les Alsaciens-Lorrains ont été placés en territoire civil, et les concessions qui leur ont été données sont des terres séquestrées sur les Arabes, en vertu de l'ordonnance du 31 octobre 1845. Régulièrement, l'État n'aurait dû en devenir propriétaire définitif qu'après deux ans, mais par suite de transactions avec les tribus, le séquestre a été réduit au cinquième, à la condition qu'il deviendrait immédiatement définitif. 72,000 hectares sont ainsi devenus la propriété de l'État dans cette province et sont aujourd'hui disponibles.

Enfin, dans *la province de Constantine* les immigrants ont été placés : les uns en territoire civil, qui contient environ 75,000 hectares de terres domaniales propres à la colonisation (Azels autrefois loués et dont le Domaine a repris possession), les autres en territoire militaire, où 55,000 hectares viennent d'être séquestrés à la suite de l'insurrection.

L'État dispose donc en ce moment, dans toute la colonie, d'environ 200,000 hectares prêts à être distribués aux colons qui voudront s'établir sur leurs terres, non compris les terres domaniales en grande quantité qui sont situées sur le territoire militaire de Constantine.

Allotissement des terres.

Quant à l'allotissement de ces terres, il faut s'entendre sur la signification à donner à ce mot : s'agit-il de terres domaniales, l'allotissement n'est qu'un travail plus ou moins délicat, selon qu'il se complique, ou non, de questions de délimitation avec les propriétés indigènes, mais que les géomètres et les employés du Domaine peuvent toujours mener à bonne fin dans un délai assez court — il ne saurait y avoir de difficultés.

Au contraire, lorsqu'il s'agit de terres séquestrées, il peut s'en présenter d'assez sérieuses (1). Ainsi que je l'ai expliqué ci-dessus, l'Etat, pour ne pas attendre deux ans, et dans le but de prendre immédiatement possession de la terre pour y placer des colons, a dû procéder par transactions avec les tribus pour les terres collectives (Arch), et avec les indigènes pour les terres leur appartenant individuellement (Melk) (2). Or, dans ce dernier cas les formalités sont très-longues; et si, parmi les terres séquestrées en bloc, il s'en trouve qui appartiennent à des indigènes n'ayant pas pris part à l'insurrection, comme cela est arrivé pour le village de *la Réunion*, on entre dans une série d'opérations compliquées, et ce n'est qu'après leur accomplissement que les géomètres peuvent commencer le partage des lots.

L'allotissement proprement dit n'a pu être terminé jusqu'ici que dans un petit nombre de villages, et dans un seul (Bellefontaine) les terres sont bornées; mais dans tous les villages des trois provinces, et pour toutes les concessions, les lots ont été délimités assez exactement pour que les colons aient pu cultiver cette année, et nulle part ce dé-

---

(1) Voir page 65.
(2) Voir pour le sens de ces mots la note page 19.

faut de précision n'a pu avoir le moindre inconvénient pour ceux qui ont voulu travailler.

Emplacement des villages.

Les villages où les Alsaciens-Lorrains ont été placés sont disséminés sur toute l'étendue de la colonie. Il eût été certainement préférable qu'on eût pu les rapprocher les uns des autres, et je crois qu'à l'avenir il vaudra mieux les grouper dans une région convenablement choisie, soit sur les hauts plateaux de la province de Constantine, soit dans les environs de la Kabylie, ou à proximité du chemin de fer d'Oran, mais on a dû se guider, dans le principe, sur l'existence des terres disponibles. On peut regretter aussi que l'on ait créé des centres dans des contrées où il n'y a pas de routes faites, comme dans les environs de Constantine, ce qui rendra l'installation plus difficile et plus coûteuse. Mais dans chaque province ces emplacements ont été désignés par une commission dite *des centres*, commission composée d'un délégué du préfet, un ingénieur des ponts et chaussées, un géomètre du cadastre, un officier du génie, un médecin, un employé des domaines, et deux notables du pays. Cette commission s'est transportée sur les lieux et l'on doit croire qu'elle a fait pour le mieux. L'emplacement des terres disponibles et la proximité des sources ont dû déterminer ses décisions.

Quoi qu'il en soit, il me paraît urgent que ces villages soient reliés par des chemins d'accès aux routes existantes. Cette dépense regarde uniquement l'État. Et je crois non moins nécessaire, qu'à l'avenir on ne crée pas de villages dans les contrées où il n'y a pas encore de routes.

Climat.

Les chaleurs de l'été, qui, dans certaines vallées du littoral, atteignent jusqu'à 45 degrés à l'ombre, et les variations brusques de température, exigent des précautions particulières, et une hygiène que n'ont pas toujours observée les nouveaux arrivants. Aussi beaucoup d'entre eux ont-ils été éprouvés par le changement de climat; les enfants en bas âge surtout ont souffert et quelques-uns ont succombé; mais il ne faut pas exagérer le danger.

Il y a des fièvres en Algérie comme il y en a dans tous les pays où l'on remue des terres depuis longtemps incultes, et il n'y a pas longtemps encore que beaucoup de contrées, en France, qui sont aujourd'hui des pays admirables, étaient connues comme étant extrêmement fiévreuses ; il en est de même en Afrique : Bouffarik et tant d'autres points que l'on pourrait citer étaient, dans le principe, fort insalubres et sont aujourd'hui parfaitement sains.

La question des fièvres ne doit donc pas entrer en ligne de compte, du moins à un point de vue général; il est inévitable qu'un certain nombre d'immigrants en soient atteints dans un pays aussi neuf que l'Algérie. Il en serait de même en Amérique et partout ; mais, avec des précautions convenables, et surtout avec de la sobriété, le climat de l'Algérie n'a rien qui doive détourner les colons d'y chercher la fortune, ou tout au moins l'aisance.

Installation actuelle des immigrants.

Non-seulement les familles d'Alsace-Lorraine qui se sont dirigées sur l'Algérie ont toutes reçu des concessions de terre, mais il a été délivré à chacune d'elles une paire de bœufs, du fourrage pour les nourrir, une charrue et des semences (de 500 à 800 kilos); en outre les Comités ont déjà fourni à beaucoup d'entre elles et continuent à distribuer aux autres des instruments et des objets de toute sorte : pelles, pioches, bêches, brouettes, lits, poêles, matelas, semences pour leurs jardins, etc... Tous ces objets sont ou envoyés de France ou achetés par les comités locaux et transportés dans les villages sur des prolonges d'artillerie que prête l'autorité militaire.

Vêtements et vivres.

Enfin tous les colons ont reçu des vêtements militaires réformés (1) et tous reçoivent des rations de vivres depuis le 1er janvier. La plupart en recevaient depuis le 1er octobre dernier.

Habitations.

La seule question qui, selon moi, laisse réellement à désirer, mais elle est capitale, est celle des habitations. Les familles, au moment de leur arrivée dans les villages, ont été presque partout logées sous des tentes prêtées par le génie militaire, car il n'était pas possible de les loger ailleurs, et plusieurs y sont encore aujourd'hui.

Ce genre d'abri, qui peut convenir temporairement pour des hommes dans la force de l'âge, est insuffisant pour des femmes et des enfants ; il ne peut en résulter que des maladies, des

---

(1) Voici la liste des objets mis par l'autorité militaire à la disposition des préfets et des comités pour les Alsaciens-Lorrains ; 18,000 capotes d'infanterie ; 18,000 paires de guêtres blanches; 600 paires de guêtres en drap ; 2,000 blouses bleues ; 3,000 vareuses en drap gris ; 8,000 pantalons en drap gris ; 2,000 tuniques en molleton ; 300 vestes ; 828 capuchons en drap noir.

fièvres et du découragement pour les colons. Le Gouvernement a donc eu raison de faire construire, aussitôt qu'il l'a pu, des gourbis en pierres pour remplacer les tentes, mais dans la plupart des villages ces gourbis sont trop petits et les toitures étaient en général défectueuses. Il est vrai que leur destination future est de servir d'abri aux bestiaux, mais c'est à la condition que les colons auront d'autres maisons.

Mesures prises avant mon retour en France.

Aussi est-ce à la construction de ces maisons ou à l'amélioration des gourbis qui en tiennent lieu, que j'ai cru devoir affecter la plus grande partie des subventions données en Algérie par la Société d'Haussonville que j'avais l'honneur de représenter; et c'est sur cette question que j'ai cru devoir appeler plus particulièrement l'attention de M. le Gouverneur général. — J'ai été assez heureux pour lui voir partager ces idées.

Déjà, après ma tournée dans la province d'Alger, il avait bien voulu décider que des maisons définitives seraient immédiatement construites pour les immigrants qui y sont fixés, et il avait, dans ce but, ouvert à M. le Préfet d'Alger un crédit de 100,000 francs, à prendre sur le budget de 1873; d'un autre côté, la Société de protection avait mis à la disposition du Comité d'Alger une somme de 40,000 francs, dont 30,000 francs au moins devaient être affectés spécialement à la même destination. — Lorsque je suis revenu de Constantine à Alger, il y a quelques jours, M. Renaudot, ingénieur des ponts et chaussées, avait bien voulu officieusement préparer les plans des maisons à construire; le devis se montait à 1,500 francs, comme pour les maisons de Bellefontaine qui m'avaient paru convenables; mais la rareté des entrepreneurs, l'éloignement des différents villages et le petit nombre des habitations à construire dans quelques-uns d'entre eux, en rendaient l'exécution difficile.

Constructions de maisons par le génie militaire.

Dans cette situation, il était fort désirable que l'autorité militaire voulût bien intervenir avec les ressources dont elle dispose en hommes et en matériel, car il devait en résulter à la fois rapidité dans l'exécution et économie considérable, ou, ce qui revient au même, augmentation dans le nombre des maisons construites.

J'ai la satisfaction de vous annoncer, Monsieur le Président, que ce résultat a été atteint de la manière la plus heureuse. Une entente complète vient de s'établir sur ce point entre M. le Gouverneur général, M. le général Wolff, qui commande la province d'Alger, et le Comité local; et il a été résolu d'un commun accord : 1° que les constructions projetées seraient exécutées sous la direction du génie militaire, qui seul peut mettre en œuvre utilement les moyens spéciaux que M. le général Wolff a consenti sur votre demande à employer en faveur des Alsaciens-Lorrains; 2° que les crédits affectés à ces travaux lui seraient délégués par l'autorité civile et par le Comité d'Alger.

Ces déterminations, auxquelles vos démarches personnelles et celles que votre délégué a pu faire avant de rentrer en France ne sont pas étrangères, auront les plus heureux résultats. En effet, dans ces conditions, M. le général Farre qui commande le génie, et M. le colonel d'Heudeville, directeur des fortifications, qui sera plus spécialement chargé de la direction de ces travaux, estiment que les maisons qui coûteraient de 2,000 à 2,300 francs, si elles étaient bâties par des entrepreneurs civils, reviendront à 1,500 francs environ. Il faut ajouter qu'on n'aura pas ainsi à redouter l'abandon des travaux ou les retards qui se produisent si souvent par suite du manque d'ouvriers ou de la négligence des entrepreneurs. Toutes ces maisons pourront être terminées dans l'espace de deux mois et demi à trois mois.

Je regarde cette solution comme d'autant plus importante, qu'une fois ce principe posé, il est probable que les mêmes moyens seront employés dans les trois provinces, tant pour le présent que pour l'avenir. La question se trouve aujourd'hui réglée pour la province d'Alger. Dans celle d'Oran, presque tous les villages se trouvant en territoire militaire, les ressources militaires y ont été tout naturellement employées dès le principe, mais dans la province de Constantine il y a encore beaucoup à faire. J'apprends, du reste, que le gouverneur général vient de prier M. le général commandant la division de Constantine de lui adresser *des projets de constructions définitives* pour tous les villages créés dans le territoire militaire de cette province, mais les moyens d'exécution ne sont pas encore assurés (1).

Ces résultats, qui sont dus à l'extrême bienveillance des autorités civiles et militaires pour nos malheureux compatriotes exilés, ont été provoqués et obtenus, je suis heureux de le dire, par l'intervention et par la bonne influence de la Société de protection d'Haussonville; ils sont la conclusion pratique de la mission qu'elle avait jugé utile de donner à l'un de ses membres, et ils contribueront puissamment à assurer la bonne installation et le succès des familles alsaciennes-lorraines déjà fixées en Algérie et de celles qui s'y rendent encore tous les jours.

---

(1) Ils le sont aujourd'hui (2 mars 1873).

CONCLUSIONS

Alger, 31 janvier 1872.

Mesures à prendre pour l'avenir

Ce serait peu toutefois d'avoir pourvu aux nécessités présentes, si l'on retombait bientôt dans les mêmes difficultés. Jusqu'ici, et depuis le début de cette immigration, l'Administration n'a pas cessé d'être *débordée*. Malgré toute sa bonne volonté, elle est toujours venue *après* au lieu de venir *avant*; elle a réparé au lieu de prévenir, et si l'on ne prend pas des mesures convenables, cette situation menace de se prolonger indéfiniment. — L'année dernière on n'était pas prêt à recevoir des familles arrivant sans ressources ; on est aujourd'hui parvenu, avec de grands efforts, à installer à peu près (sauf les maisons définitives) celles qui sont arrivées en 1872, mais on n'est pas davantage préparé cette année à recevoir celles qui se dirigent encore sur l'Algérie ; voilà la vérité.

Au moment de l'année où nous sommes (31 janvier), il est trop tard pour que les nouveaux arrivants aient le temps de s'installer et de labourer de façon à récolter en 1873 ; ils ne peuvent que souffrir des chaleurs cet été, et rester à la charge des comités et du Gouvernement jusqu'à la récolte de 1874, c'est-à-dire pendant 18 mois au moins, et pendant 30 mois si la récolte de 1874 est mauvaise. Lorsqu'on donne à des familles d'émigrants le *Passage gratuit*, on prend l'engagement moral, du moins elles le comprennent ainsi, de les soutenir et de les défrayer de tout; or, les ressources dont le Gouvernement dispose aujourd'hui suffiront à peine, jointes à celles des Comités locaux, pour assurer l'établissement des immigrants qui sont déjà sur place.

Je crois donc qu'il serait sage, de la part de l'Administration, de suspendre, provisoirement et jusqu'au 30 septembre, la délivrance des *passages gratuits* qu'elle accorde en ce moment avec une grande facilité.

Elle pourrait donner des instructions dans ce sens à M. le Préfet de Marseille, chargé de veiller aux embarquements, ainsi qu'aux deux commissions qui reçoivent à Nancy et à Belfort les demandes des émigrants. On tiendrait note des demandes, et les embarquements seraient repris à la fin de l'époque des chaleurs.

2° Pendant ce temps, les fonds qui vont être affectés à l'Algérie par la commission que préside M. Wolowski, permettraient au Gouvernement de prendre ses mesures pour recevoir les nouveaux immigrants; mesures qui consistent surtout, selon moi, à *construire d'avance les habitations* destinées aux colons, et à faire dès à présent les travaux qui sont d'intérêt public. — Ces maisons seraient ensuite ou données ou louées aux immigrants, mais concédées en tous cas de telle sorte que la pleine et complète propriété des constructions ne leur appartienne qu'au moment où celle de la concession elle-même sera devenue définitive, c'est-à-dire après neuf ans de résidence (titre II).

3° Les villages devraient être placés dans des pays où il y a des routes; les routes d'abord, les maisons ensuite ; et il serait bon que les nouveaux centres créés fussent exclusivement composés d'Alsaciens-Lorrains, afin de ne pas les mettre en butte à la jalousie de colons voisins, dont quelques-uns mériteraient certainement d'être aidés, mais auxquels le Gouvernement ne peut pas faire les mêmes avantages.

4° Tous les villages nouveaux devraient être construits sous la direction du génie militaire, à la condition qu'il serait autorisé, comme cela vient d'être fait pour la province d'Alger, à employer les moyens que l'autorité militaire peut mettre à sa disposition, c'est-à-dire les transports qui, dans les constructions, sont une grosse part de la dépense totale, et la main-d'œuvre des condamnés militaires. Ces disciplinaires sont ordinairement payés pour les travaux qu'ils exécutent, mais une partie seulement de ce salaire leur est allouée, le reste, environ moitié, est reversé à l'Etat. — M. le général Wolff veut bien, eu égard au but que l'on se propose, demander à M. le Ministre de la Guerre que ce versement n'ait pas lieu dans ce cas spécial ; si cela est possible, rien n'empêcherait qu'il en fût de même pour les trois provinces.

5° Dans les endroits où pour un motif quelconque il a été établi des villages avant que les routes aient pu être faites, je demanderais que les routes soient immédiatement construites, et à ce sujet ne serait-il pas bon d'en revenir aux idées de M. le *maréchal Bugeaud,* celui de tous les gouverneurs qui a laissé les meilleurs souvenirs, au point de vue de la colonisation ; il employait, dit-on, l'armée aux routes et à la création des villages. Les Romains, dont on retrouve les traces à chaque pas en Algérie, faisaient de même, et si la France veut coloniser, elle ne saurait choisir de meilleurs modèles.

Cette question des routes est intimement liée à celle qui nous occupe, et je ne sors pas de mon sujet en attirant votre attention sur ce point, car, ainsi que vous l'avez dit un jour, Monsieur le Président, le sort des Alsaciens-Lorrains qui se rendent en Algérie ne saurait être séparé de celui du reste de la colonie ; ils ne peuvent réussir qu'autant qu'elle sera prospère, et lorsque la mère-patrie aura fait pour eux tout ce que peut inspirer la sympathie que nous éprouvons tous pour des compatriotes malheureux, leur succès dépendra, comme celui des autres colons, de la situation générale qu'auront créée les mesures prises par le Gouvernement.

Il manque en Algérie trois choses : des routes, du bois et une bonne loi sur la propriété.

Les routes, dont les Turcs et les Indigènes n'avaient pas besoin, mais dont notre civilisation ne peut se passer, et qui donneront la vie à de vastes territoires. Les crédits qu'on affecte chaque année à leur construction sont insuffisants, et l'intervention de l'armée y aiderait puissamment ; elle ne peut, en temps de paix, rien faire de plus utile au pays.

Le bois, que l'Arabe et la chèvre détruisent depuis des siècles avec autant d'aveuglement l'un que l'autre. Or, sans bois, pas de rivières, pas de prairies, pas de combustible ; c'est-à-dire pas de chaux ni de briques pour construire. L'Administration par des reboisements et des mesures sévères de répression, les colons par des plantations multipliées peuvent contribuer beaucoup à l'assainissement et à la richesse future du pays.

Enfin une bonne loi sur la *constitution de la propriété* n'est pas moins nécessaire pour sortir des entraves qu'apporte à la transmission des terres les complications du droit arabe (1) ; cette loi est, en ce moment, soumise aux délibérations de l'Assemblée nationale.

On entend dire quelquefois que, depuis quarante ans que la France possède l'Algérie, elle n'y a rien fait encore ; c'est une erreur que peuvent seules partager les personnes qui n'ont pas vu l'Algérie. Mon sentiment a été tout autre. En voyant tant de villes et de villages de construction entièrement européenne, tant de fermes dont les propriétaires arrivés sans fortune ont trouvé l'aisance et quelquefois la richesse, j'ai compris combien l'Algérie était peu connue en France. L'avenir de notre colonie m'inspire une confiance entière, car le sol, à peu près vierge, y est d'une fertilité in-

---

(1) Voir la note page 19 sur les diverses natures de propriété en pays arabe.

comparable, et, puisque les colons sont assurés d'y trouver aujourd'hui de la terre, ils ne manqueront pas de s'y rendre. A ce point de vue, l'expérience qui se fait en ce moment peut avoir une portée considérable.

Je ne veux pas terminer ce rapport, Monsieur le Président, sans vous dire quelle sympathie j'ai rencontrée partout en Algérie pour l'œuvre qui nous occupe. Non-seulement M. le Gouverneur général a bien voulu, avec une courtoisie parfaite, faciliter, autant qu'il était en lui, la mission de votre délégué; mais j'ai trouvé, à tous les degrés de l'Administration, chez l'autorité militaire comme chez l'autorité civile, la plus grande bienveillance pour nos protégés, et j'ai pu me convaincre de tous les efforts qui ont été faits pour rendre la situation des nouveaux colons aussi bonne que le permettaient les événements.

Certes, il existe des imperfections, mais les circonstances dans lesquelles s'est produite cette première immigration ne les expliquent que trop, et après tout ce que j'ai vu, j'ai la conviction que grâce à la bonne volonté extrême de tous les agents de l'Administration et aux secours de toute sorte qui leur ont été et leur seront encore donnés, l'avenir est assuré pour tous les Alsaciens-Lorrains qui sont venus et qui viendront en Algérie avec la résolution de travailler.

Veuillez agréer, Monsieur le Président, l'expression de mes sentiments de haute et respectueuse considération.

A. GUYNEMER.

Paris, 2 mars 1873.

Depuis le retour de M. Guynemer à Paris, la Société présidée par M. le comte d'Haussonville a appris avec la plus vive satisfaction que les mesures projetées pour la construction des maisons dans la province d'Alger avaient été mises à exécution, et que des dispositions semblables allaient être prises dans les deux autres provinces.

A Alger, M. le Gouverneur général a donné les ordres nécessaires pour que le crédit de 100 mille francs dont il est question à la fin du rapport précédent soit mis à la disposition de M. le colonel directeur du génie; c'est aujourd'hui chose faite. Les chantiers pour la main-d'œuvre s'organisent par les soins de M. le général Wolff, et la question peut être considérée comme résolue.

Dans la province d'Oran, les habitations, dont l'autorité militaire avait commencé la construction, seront livrées aux colons avant la fin du mois de mai prochain, et M. le général Osmont continue à surveiller l'installation des immigrants avec la sollicitude la plus bienveillante. Les villages de Boukanifis et de Sidi-ben-Youb, situés en territoire civil depuis le 1er janvier, restent seuls à construire.

Enfin, M. le ministre de la guerre a bien voulu, sur la demande de M. le comte d'Haussonville, inviter M. le général de Lacroix, qui commande la division de Constantine, à se concerter avec M. le préfet du département et avec M. Cahn, président du comité local, pour assurer dans sa division, aux mêmes conditions que dans les divisions d'Alger et d'Oran, la construction des habitations définitives pour les Alsaciens-Lorrains.

Les moyens d'exécution rapide et économique sont donc aujourd'hui assurés partout, et grâce au bon accord des diverses autorités, les fonds qui pourront être encore affectés à l'installation de nos compatriotes en Algérie recevront le meilleur emploi.

D'un autre côté, le sous-comité de l'Algérie (commission instituée auprès du ministère de l'intérieur et présidée par M. Wolowski) a été d'avis qu'il convenait, dans l'intérêt des émigrants, de retarder leur départ jusqu'au 30 septembre prochain, afin de leur éviter l'épreuve redoutable des grandes chaleurs, et pour donner à l'Administration le temps de préparer les installations nouvelles; M. le Directeur de l'Algérie vient de prescrire les mesures nécessaires à cet égard dans les divers départements, du moins en ce qui concerne les familles sans ressources.

Enfin la Commission Wolowski, dans sa séance du 1er mars, vient d'accorder, sur les fonds dont elle dispose, un premier crédit de 980 mille francs, pour assurer la subsistance des familles Alsaciennes-Lorraines qui se trouvent *actuellement* en Algérie, et pour construire les maisons qui leur manquent encore. Dans une de ses prochaines séances, elle décidera ce qu'il convient de faire pour l'avenir, c'est-à-dire quelle est la somme qu'elle veut affecter à l'installation des immigrants Alsaciens-Lorrains qui voudraient se rendre encore dans notre colonie.

Paris, 30 mars 1873.

Depuis la première impression de ces rapports, la Commission Wolowski, dans sa séance du 29 mars, a voté une nouvelle somme de UN MILLION, pour préparer d'avance l'installation des familles dont les demandes sont en ce moment reçues et examinées par les Commissions de Nancy et de Belfort, mais dont l'embarquement pour l'Algérie n'aura lieu qu'à la fin de l'époque des chaleurs.

FIN

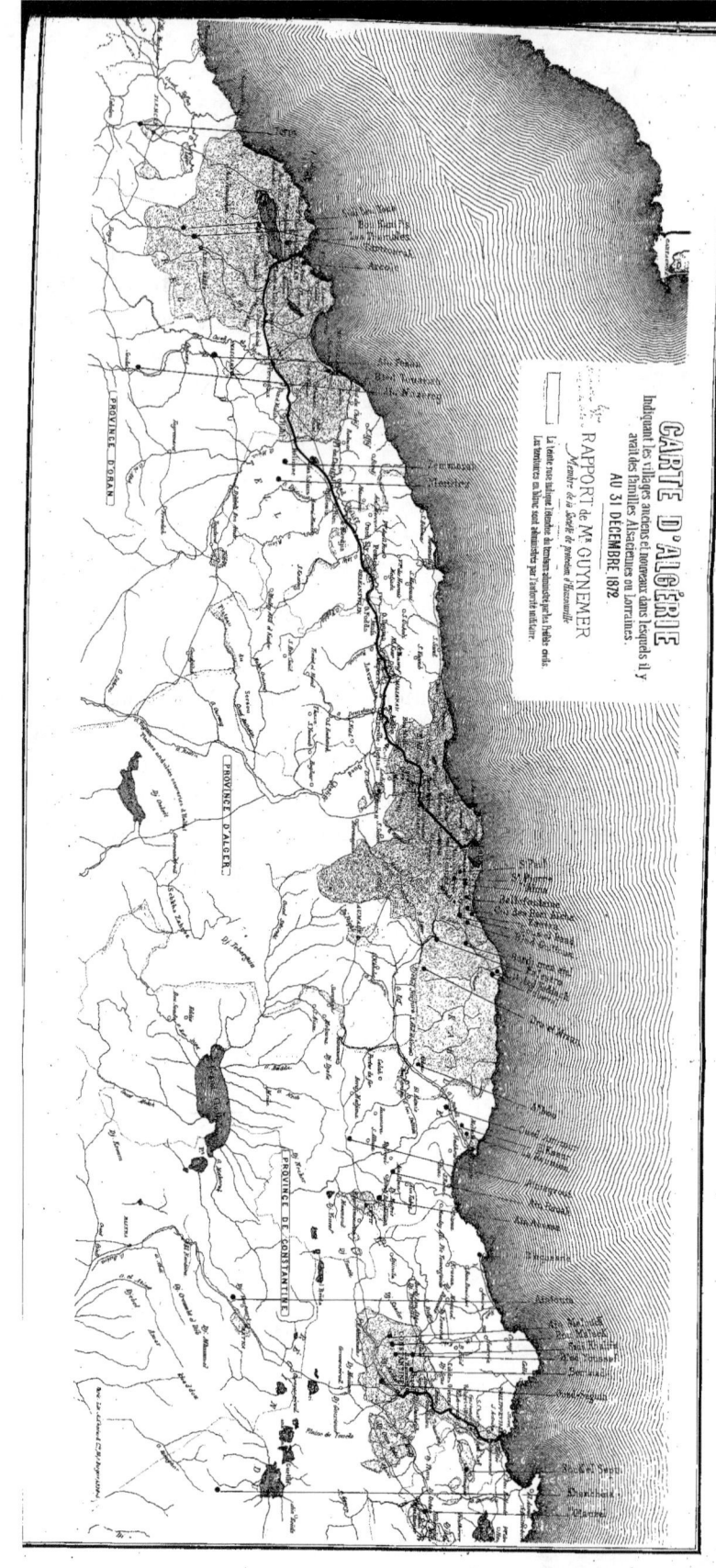

www.ingramcontent.com/pod-product-compliance
Lightning Source LLC
LaVergne TN
LVHW052104090426
835512LV00035B/968